아는 것보다 사는 것이 중요하다

아낭겔로 ἀναγγέλλω **북스**

'아낭겔로'는 '선포하다, 알리다'란 뜻의 헬라어로, 우리 삶에 실제적인 능력이 되는 하나님나라의 복음을 선포하고 전하는 이찬수 목사의 로마서 시리즈를 '아낭겔로 북스'로 출간한다.

아는 것보다
사는 것이
중요하다

이찬수

삶으로 살아낼 때 능력이 된다

규장

아는 것보다
사는 것이
중요하다

INTRO

언제부턴가 내가 복음의 능력을 별로 기대하지 않아도
전혀 불편하지 않은 목사가 되어버렸다.
교회의 풍성한 예산, 많은 성도, 갖춰진 시스템들로
복음의 생생한 능력을 기대하지 않고도,
절박하게 하나님께 매달리지 않고도,
아무 일 없이 교회가 잘 운영되는 듯 보이기 때문이다.
당신은 어떤가?
언제부터인가 절박하게 하나님을 찾지 않아도
전혀 불편함을 모르는 삶을 살고 있지는 않은가?

우리에게 너무 익숙해져 '지식의 저주'가 되어버린
모든 것을 깨뜨리고 다시 새롭게 복음을 붙잡아야 한다.
대가를 지불하고서라도 초심으로 돌아가 본질을 붙잡아야 한다.
변명하지 말고, 다른 사람 탓으로 돌리지 말고
복음의 능력을 잃어버린 것을 부끄러워하며 회개해야 한다.
아는 것만으로는 부족하다.
행함이 있는 자리로, 본질을 붙잡는 자리로 나아가야 한다!

PART **1** 그럴 듯한
겉모습

chapter 1 그러므로 이 사람아 • 11
chapter 2 제대로 된 비판을 회복하라 • 35
chapter 3 번지수를 잘못 짚었다 • 53

PART **2** 하나님 기준에
내 삶 맞추기

chapter 4 인생의 종착지에서 벌어질 일 • 75
chapter 5 아는 것으로 충분하지 않다 • 95
chapter 6 하나님은 마음을 원하신다 • 117

 Contents

**PART 3 내 삶에
복음의 능력 담기**

chapter 7 지식의 저주를 끊고 • 145

chapter 8 하나님의 신실하심을 맛보라 • 169

chapter 9 말씀을 지켜내는 삶 • 189

**PART 4 제대로 살 때
능력이 된다**

chapter 10 죄를 알고 나를 알기 • 211

chapter 11 그러나 이제는, 이전처럼 살 수 없다 • 235

chapter 12 삶으로 맛보는 복음의 능력 • 253

chapter 13 내가 열정적으로 자랑하는 것 • 277

PART 1

그럴 듯한 겉모습

로마서 2:1

그러므로 남을 판단하는 사람아, 누구를 막론하고 네가 핑계하지 못할 것은 남을 판단하는 것으로 네가 너를 정죄함이니 판단하는 네가 같은 일을 행함이니라

CHAPTER 1

그러므로 이 사람아

완전한 절망

로마서 1장은 하나님을 그 마음에서 내쫓아버린 인간의 불경건이 얼마나 불의하고 악한 죄악들을 양산해내는지를 적나라하게 기록하고 있다. 로마서 1장 24절부터 언급되는 성적인 타락, 동성애 문제를 필두로 29절부터 열거되는 수많은 죄악의 양상을 보라.

곧 모든 불의, 추악, 탐욕, 악의가 가득한 자요 시기, 살인, 분쟁, 사기, 악독이 가득한 자요 수군수군하는 자요 비방하는 자요 하나님께서 미워하시는 자요 능욕하는 자요 교만한 자요 자랑하는 자요 악을 도모하는 자요 부모를 거역하는 자요 우매한 자요 배약하는 자요 무정한 자요 무자비한 자라 롬 1:29-31

그런데 한 가지 의아한 것이 있다. '인간이 하나님을 떠난 결과 엄청나게 많은 죄악을 낳게 되었다'라고 한 줄로 기록하면 될 텐데, 바울은 왜 이렇게 길게 여러 가지 죄악을 열거하고 있을까? 그저 한 마디로 넘어가고 싶지 않았던 것이다. 바울은 하나님을 그 마음에서 내쫓은 인생은 전방위적으로 이런 무서운 죄악의 열매들을 맺을 수밖에 없다는 것을 강조하고 싶었던 것이다.

신학적으로는 이것을 '전적 타락'이라고 한다. 이는 하나님으로부터 분리된 인간은 선한 구석이 하나도 없다는 뜻이다. 아무리 상대적으로 선해 보이고, 도덕적으로 흠이 없어 보여도 본질적으로 선한 것은 하나도 없다. 바로 이것을 강조하는 것이 로마서 1장인데, 죄의 결과물에 대해 자세히 언급하던 바울이 급기야 로마서 1장의 결론을 어떻게 내리는가?

> 그들이 이같은 일을 행하는 자는 사형에 해당한다고 하나님께서 정하심을 알고도 자기들만 행할 뿐 아니라 또한 그런 일을 행하는 자들을 옳다 하느니라 롬 1:32

바울이 내린 결론이 무슨 의미인가?

"하나님을 떠난 인생에는 일말의 희망도 없다. 우리는 완전한 절망의 상태에 빠졌다. 그리고 이 절망의 상태에서 빠져나올 수 없다."

이것이 바로 32절의 선언이다.

로마서 1장을 여러 번 반복해서 읽고 묵상하다가 문득 바이러스를 소재로 한 공포 영화가 떠올랐다. 우리나라에서도 몇 해 전에 메르스 바이러스 때문에 온 나라가 발칵 뒤집힌 적이 있지 않은가? 그때 많은 사람이 〈감기〉나 〈연가시〉 같은 영화를 떠올리며 공포에 떨었다.

그런데 이런 바이러스를 소재로 한 공포 영화는 대부분 몇 가지 공통적인 패턴이 있다. 첫째로 영화 초중반부까지는 사람들을 감염시키고 있는 그 바이러스가 얼마나 무섭고 강력한 것인지를 설명하는 데 시간을 다 보낸다. 직접적인 신체 접촉을 하지 않아도 공기를 통해 전염된다거나 한 번 감염되면 치사율이 거의 100퍼센트에 달하는 무서운 병인 것을 강조하는 것이 첫 번째 패턴이다. 또 하나의 패턴은 고칠 방도가 없다는 것이다. 사람들이 계속 죽어가고 있는데 치료할 백신이 없단다. 그래서 그 과정에서 우왕좌왕하고 좌충우돌하다가 점점 더 절망의 늪으로 빠져든다. 영화 상영 내내 이 흐름이 끊어지지 않고 계속된다. 그런가 하면 마지막 공통점은 그렇게 무시무시한 바이러스가 창궐한 것치고 너무 싱겁게 끝난다는 것이다. 보통 영화가 끝나기 한 10분 정도 남겨놓고 갑자기 주인공이 그 불가능하다던 백신을 발견하여 여기저기 돌아다니며 사람들을 치료하고는 끝난다. 그래서 이런 영화를 보고 나면 때로는 허탈할 때가 있다. 너무 맥없이 끝나버리기 때문이다.

그러고 보면 영화의 앞부분에서 그렇게까지 바이러스의 독성과 잔혹성과 치사율을 강조하는 이유는 그 바이러스의 강한 독성을 강조하고 싶은 것이 아니라, 나중에 주인공이 발견하거나 개발하게 될 백신의 위력을 강조하려는 것이다.

완전한 절망을 깨뜨리는 백신

이것은 로마서 1장도 마찬가지다. 바울이 로마서 1장에서 치명적인 죄를 열거하며 "이제 어떤 희망도 없다. 완전히 망했다. 우리는 죽었다"라고 선포한 것은 죄의 강력한 권세와 능력을 강조하기 위한 게 아니다. 그 뒤에 나타날 예수 그리스도의 십자가 복음, 그 복음의 백신이 강력한 죄악과 완전한 절망을 깨뜨리는 강력한 능력이 된다는 사실을 강조하기 위함이란 것이다.

당신은 무슨 일로 절망하고 있는가? 이미 때가 너무 늦은 것 같은가? 더 이상 회복할 수 없다는 생각에 빠져 있는가? 꼭 기억하라. 현실이 아무리 힘들고 어려운 상황이라 해도, 우리 안에 '예수 그리스도의 십자가'라는 복음의 백신이 주어지기만 한다면 어떤 절망도 없다.

주변을 둘러보라. 복음의 백신으로 치유되고 회복된 사람들의 감격에 찬 모습을 쉽게 발견할 수 있을 것이다. 나 역시도 마찬가지다. 깊은 절망에서 건져냄을 받아 오늘 이 자리에 서 있는 내가 바로 그런 증인 중 한 사람이다. 살아가는 과정에서 잠을 이루지 못

할 만큼 괴롭고 아팠던 순간이 많았지만, 그보다 더 강력했던 예수 그리스도의 복음의 능력으로 말미암아 견뎌낼 힘을 얻었다. 그리고 이 자리까지 올 수 있었다.

이처럼 바울은 로마서 1장에서 죄의 치명적인 독성을 강조하고 있지만, 우리는 그것을 읽으며 하나님이 베푸신 무한한 은혜의 능력과 그 은혜에 대한 감사를 볼 수 있는 영안이 열려야 한다. 그래서 겉으로 보기에는 사형을 선포하는 32절 말씀이 로마서 1장의 결론 같지만, 사실은 중반부에 나와 있는 16, 17절 말씀이 그 결론이다.

> 내가 복음을 부끄러워하지 아니하노니 이 복음은 모든 믿는 자에게 구원을 주시는 하나님의 능력이 됨이라 먼저는 유대인에게요 그리고 헬라인에게로다 복음에는 하나님의 의가 나타나서 믿음으로 믿음에 이르게 하나니 기록된 바 오직 의인은 믿음으로 말미암아 살리라 함과 같으니라 **롬 1:16,17**

이것이 로마서 1장의 결론이자 바울이 전하고자 하는 핵심 메시지이다. 이것을 볼 수 있어야 한다. 분명히 절망에 빠져 "이젠 끝이야! 이젠 죽음이야"라고 절규했는데, 그런 나를 포근히 안아서 안전한 은혜의 포구로 인도해주시는 주님의 사랑과 능력을 경험하는 것, 이것이 복음이다. 이 강력한 복음의 능력을 이론으로서가 아니라 삶 속에서 실제로 경험하고 맛보는 우리가 되기를 바란다.

그러므로 이 사람아!

로마서 2장도 같은 맥락으로 봐야 한다. 하지만 로마서 2장은 1장과는 또 다른 양상으로 전개되고 있다. 1절을 보자.

> 그러므로 남을 판단하는 사람아, 누구를 막론하고 네가 핑계하지 못할 것은 남을 판단하는 것으로 네가 너를 정죄함이니 판단하는 네가 같은 일을 행함이니라 **롬 2:1**

여기서 '판단하다'는 원어로 '크리노'인데, 이 단어는 마치 재판관이 죄인을 심판하듯 자기는 의롭다는 확신을 가지고 다른 사람을 비판하고 정죄하는 태도를 담고 있는 단어이다. 그래서 영어 성경은 이 부분을 'judgement'(판단)라는 단어로 표현하고 있다. 그런데 여기서 중요한 것은 인칭의 변화이다.

로마서 1장을 보면 계속 사용되는 인칭이 '그들이, 그들이, 그들이'라는 3인칭 복수이다. 맨 마지막 부분인 32절도 마찬가지다. '그들이'라는 3인칭 복수로 1장이 정리되는데, 바로 그다음 절인 로마서 2장 1절에서는 2인칭 단수로 바뀌었다.

"그러므로 남을 판단하는 사람아, 누구를 막론하고 네가 핑계하지 못할 것은…."

이처럼 '그들이'라는 3인칭 복수가 '네가'라는 2인칭 단수로 바뀐 것을 볼 수 있는데, 이후로도 2장을 보면 '네가'라는 표현이 많이 사용된다.

그래서 대부분의 학자는 이를 두고 바울이 로마서 1장을 쓸 때 염두에 둔 대상 독자와 2장을 쓸 때 염두에 둔 대상 독자가 다르다고 이야기한다. 1장은 이방인을 염두에 두고 쓴 글이고, 2장은 하나님을 믿는다고 하지만 그 안에 복음이 없던 유대인을 겨냥해서 쓴 편지라고 해석하는 것이다.

또 최근에 들어서는 이것이 유대인, 이방인의 문제가 아니라 자기는 온전하고 거룩하다고 하면서 심판자 노릇을 하려는 교만한 사람을 지칭한 것이라는 해석도 많이 나오고 있다.

어떻게 해석하든 사실 그 의미에 있어서는 크게 상관없다. 다만 나는 목회자로서 이 부분을 이렇게 적용하고 싶다. 1장은 그 대상이 교회 바깥의 사람들, 하나님을 알지 못하고 거부하는 사람들이라면, 2장은 예배당에 나와 앉아 있는 사람들, 자기는 모태신앙이라고, 5대째 예수 믿는 집안이라고 하면서 그 내면에 복음이 없는 사람들을 겨냥해서 쓴 말씀이라고 말이다. 이렇게 적용해도 잘못된 해석은 아니라고 생각한다.

어떤 책에서는 이 부분을 설명하면서, 바울이 이방인을 향해 그들의 죄악을 쭉 열거하다가 2장 1절을 시작하면서 갑자기 유대인들을 향해 그 시선을 바꾸면서 "그러므로 이 사람아! 방금까지 열거했던 하나님을 모르는 자들의 죄악도 심각하지만, 그런 사람들을 보고 긍휼한 마음 없이 비판하고 정죄만 하는 너희들의 죄악도 보통 심각한 것이 아닐세!"라는 뉘앙스로 이야기한 것이라고 했다. 이 같은 설명을 읽는데, 이 한 마디가 내 마음에 탁 꽂혀버렸다.

"그러므로 이 사람아!"

이 한 마디가 내 가슴에 박혀서 내내 하나님이 나를 이렇게 지적하시는 것 같았다.

'그러므로 이 사람아! 네가 목사라고 하면서, 네 아버지도 목사라고 하면서, 만날 성경 읽는다고 하면서 연약한 주변 사람들을 긍휼한 마음으로 보듬지 못하고 판단하고 정죄하는 마음을 가지고 있다면, 너도 1장에서 열거한 그 악한 짓을 저지르는 자들과 똑같은 인간이야!'

하나님의 이 한 마디가 마음에 들리지 않는가?

"그러므로 이 사람아!"

교회 다닌다고 하면서, 모태신앙이라고 하면서, 장로요 권사라고 하면서, 말씀 읽는다고 성경책 끼고 다니면서 연약한 이웃에 대한 사랑이 없고, 비판하기 좋아하고, 약점 캐내어 떠들고 다니기 좋아하는 사람들에게 "그러므로 이 사람아! 너는 네가 의인인 것 같지? 너의 그런 수군수군하고 비방하는 행동이 네가 역겹다고 하는 저 세상 사람들과 똑같은 거야! 정신 차려!"라고 책망하시는 음성이라는 것이다. 그러니 이 말씀은 믿음 좋다고 자부하는 사람들이 주의 깊게 들어야 하는 말씀이다.

내게 이 경고가 왜 이렇게 크게 다가오는가 하면, 불행하게도 오늘날 교회의 현실이 바로 이 하나님의 지적을 받을 수밖에 없는 상황이기 때문이다. 현실적으로 교회 안에 정죄와 비판이 얼마나 난무하는가? 교회에 가기 겁이 난다는 가슴 아픈 이야기를 들을 때도 많다. 교회에 가려면 가슴이 두근거린다고도 한다.

'오늘은 저 권사님이 또 뭐라고 지적하실까? 저 사람들이 뭐라고 수군거릴까?'

교회에 가서 책잡히지 않으려고 긴장하는 바람에 교회에 가는 기쁨이 없다고 한다. 복음이 죽어 있는 교회일수록 이런 현상이 더 심하다. 가슴 아픈 현실 아닌가?

그러고 보면 자기는 예수를 잘 믿는다고 생각하지만 사실은 복음이 죽어 있는 사람들의 특징이 무엇인가? 자기 자신의 약점이나 죄에 대해서는 둔감하고, 남의 약점이나 죄에 대해서는 굉장히 민감하다는 것이다. 왜 이런 특징을 갖게 되었을까? 왜 자기에 대해서는 둔감하면서 상대방의 죄에 대해서는 그렇게 민감할까?

내 눈의 들보

예수님이 산상수훈에서 바로 이 부분에 대해 설명하시는 장면이 나온다. 그런데 한 가지 재미있는 사실은, 앞에서 로마서 2장의 '판단하다'라는 단어가 헬라어로 '크리노'라고 했는데, 바로 이 '크리노'라는 단어로 경고의 메시지를 주시는 대목이 있다는 것이다.

비판을 받지 아니하려거든 비판하지 말라 너희가 비판하는 그 비판으로 너희가 비판을 받을 것이요 너희가 헤아리는 그 헤아림으로 너희가 헤아림을 받을 것이니라 마 7:1,2

여기 반복해서 나오는 '비판'이라는 단어가 바로 '크리노'이다. 이처럼 예수님은 로마서 2장 1절과 같은 맥락에서 교훈을 주고 계시는데, 이것을 염두에 두면서 이어지는 예수님의 지적을 들어보자.

어찌하여 형제의 눈 속에 있는 티는 보고 네 눈 속에 있는 들보는 깨닫지 못하느냐 보라 네 눈 속에 들보가 있는데 어찌하여 형제에게 말하기를 나로 네 눈 속에 있는 티를 빼게 하라 하겠느냐 외식하는 자여 먼저 네 눈 속에서 들보를 빼어라 그 후에야 밝히 보고 형제의 눈 속에서 티를 빼리라 마 7:3–5

예수님은 지금 자기 죄나 허물에 대해서는 관대하고 상대방에 대해서는 날카롭게 반응하는 것에 대해 지적하고 계시는데, 나는 이 말씀에서 인간이 왜 그런 이중적인 태도를 보일 수밖에 없는지 그 이유를 발견한다. 왜 자기 죄나 허물에 대해서는 관대하면서 상대방의 약점은 날카롭게 바라볼 수밖에 없는가? 자기 눈 속에 있는 들보 때문이다. 그 들보가 사물을 왜곡하여 보게 만들기 때문이다. 영어로는 '들보'가 'beam'인데, 이는 원래 건축물에 쓰이는 목재를 말한다. 조그마한 티도 아니고 건축에 쓰이는 들보가 우리 눈에 들어 있다니, 예수님이 엄청난 과장법을 구사하고 계신 것이다. 그런 들보가 우리 눈에 들어 있으면 두 가지 현상이 나타난다.

들보는 나를 왜곡시킨다

첫째로, 이미 언급했듯이 들보가 내 눈을 장악하면 모든 것을 왜곡하여 보게 된다. 들보로 눈이 왜곡되어 있는 상태이니 어떻게 사물을 제대로 볼 수 있겠는가? 그렇기 때문에 자기 상태를 잘 모른다. 왜 복음이 없는 교회일수록, 복음이 없는 크리스천일수록 자기 허물에 대해서는 그토록 관대하고 남의 잘못과 허물에 대해서는 날카롭게 반응하는가? 바로 들보 때문에 그렇다. 이것이 예수님의 진단이다.

목회자로서 나는 참으로 다양한 사람을 만난다. 여러 사람을 만나면서 깨닫는 것은, 그 다양한 사람에게서 발견되는 공통점이 하나 있다는 것이다. 그것이 무엇인지 아는가? 사람은 자기를 모른다는 것이다. 몰라도 정말 모른다는 생각이 들 때가 얼마나 많은지 모른다. 다른 사람의 허물과 죄는 날카롭게 끄집어내는 예리한 통찰력을 가지고 있으면서도 정작 자기 자신은 모르는 것이 죄성을 가진 우리 인간의 공통점이다.

정직하게 나 자신을 되돌아보면 나 역시도 이 범주에서 자유로울 수 없음을 고백하지 않을 수 없다. 어떤 면에서는 내가 나 자신을 잘 모르기 때문에 성도들의 잘못을 지적하는 설교를 할 수 있는 것이다. 그렇지 않은가? 내가 스스로의 연약함과 허물에 대해 적나라하게 안다면 부끄럽고 민망해서 설교 시간에 그런 책망과 지적을 할 수 있겠는가?

우리 교회는 매주 화요일마다 전체 교역자회의가 있는데, 그때 우리 교회 교역자들을 다 모아놓고 한 시간 이상 강의를 한다. 요지는 이것 하나이다.

"정신 차려라. 목회자들이 제대로 해야 한다. 성도들 잘 섬겨라. 그렇게 목회하면 안 된다."

내가 이렇게 지적할 수 있는 것도 역시 내가 나를 모르기 때문이다. 후배 교역자들을 향해 "그렇게 목회하면 안 된다"라고 강하게 질책하는 그 권면이 사실은 후배 교역자들뿐 아니라 나 자신도 귀담아들어야 할 나의 약점임을 잘 깨닫지 못하는 것이 죄성을 가진 우리의 모습 아니겠는가?

들보는 내 힘으로 뺄 수 없다

둘째로 더 치명적인 것은, 들보는 자기 힘으로 뺄 수 없다는 것이다. 티가 우리 눈에 들어가면 바람을 '후' 하고 불거나 안약을 넣거나 눈물을 흘려 뺄 수 있지만, 들보는 그렇지 않다. 나의 눈에 사물을 왜곡해서 보게 만드는 들보가 자리잡고 있다는 사실을 잘 인식하지 못할 뿐 아니라, 설령 그 사실을 인식한다 하더라도 내 힘으로는 어찌 할 수 없는 것이 나약한 우리의 현실이다. 그래서 복음이 필요하다. 자력으로 뺄 수 없는 들보를 빼는 능력, 바로 그것이 복음이다.

그렇다면 내 힘으로는 절대로 뺄 수 없는 들보를 우리는 어떻게 해야 하는가? 요즘 내 마음 한편에는 이사야의 탄식이 자리를 잡고 있다.

> 그때에 내가 말하되 화로다 나여 망하게 되었도다 나는 입술이 부정한 사람이요 나는 입술이 부정한 백성 중에 거주하면서 만군의 여호와이신 왕을 뵈었음이로다 하였더라 사 6:5

여기 나오는 '그때'가 어느 때인가? 이는 앞에 나오는 이사야서 6장 1절의 상황을 받는 말이다.

> 웃시야 왕이 죽던 해에 내가 본즉 주께서 높이 들린 보좌에 앉으셨는데 그의 옷자락은 성전에 가득하였고 … 서로 불러 이르되 거룩하다 거룩하다 거룩하다 만군의 여호와여 그의 영광이 온 땅에 충만하도다 하더라 사 6:1,3

이사야 선지자는 놀라운 하나님의 영광을 목도하는 순간 스스로에 대해 "화로다 나여 망하게 되었도다"라고 탄식했다. 이것이 무엇을 의미하는가? 거룩하신 하나님의 영광을 제대로 경험해야 부끄러운 자신의 실체를 깨닫게 된다는 것이다. 그리고 거룩하신 하나님의 영광을 경험해야 내 힘으로 빼낼 수 없는 내 눈 속의 들보가 빠지게 된다는 것이다.

나만 그런 것인지, 아니면 다른 목사님들도 그런지는 몰라도 목사인 내가 가지고 있는 직업병이 있다. 집에 가서도 계속 목사 노릇을 하려 한다는 것이다. 다시 말해 자꾸 지적하고 가르치려는 태도가 있어 잔소리가 많다. 아이들에게는 "목사 아들이 그러면 되겠니? 목사 딸인데 옷차림이 더 단정해야 될 것 같은데?"라고 하고, 심지어 아내에게도 "목사 아내로서 이것은 조심해야 할 것 같은데?"라고 지적하는 경우가 많다. 그랬더니 한번은 아내가 이런 불평을 했다.

"당신은 내 남편인데, 꼭 남편 같지 않고 목사님 같다."

그 말에 마음이 찔렸지만 이렇게 응수함으로 미안한 내 마음을 감췄다.

"그러면 목사가 목사 같아야지, 스님 같으면 되겠나?"

그런데 이런 식으로 늘 집에서도 목사 노릇하며 가르치기 좋아하던 나에게 변화가 일어났다. 그 변화는 이사야서 6장 말씀과 같은 깨달음이 나에게 찾아오고부터이다.

"그때에 내가 말하되 화로다 나여 망하게 되었도다."

이 말씀으로 내 안의 들보가 빠졌다. 그러자 아내와 아이들을 지적하고 비판하는 일이 거의 없어졌다. 아내와 아이들에게서 발견되는 연약한 모습이 나 자신에게도 똑같이 있음을 자각했기 때문이다. 이사야서 6장의 은혜를 받고 내 눈의 들보가 빠지자 그들을 변화시키겠다는 마음은 사라지고, 우리 인생은 너나없이 연약한 존재이므로 상대방을 긍휼한 마음으로 바라봐야 한다는 생각이 들기 시작한 것이다. 그러다 보니 간혹 그들의 약점이 보이면 예전처럼 지적하기보다는 등을 토닥이는 일이 많아졌다. 누구나 그럴 수 있다고 말이다. 그랬더니 요즘엔 아내가 이런 농담을 건넨다.

"집에서 당신은 이제 대하기 어려운 목사님 같지 않고 남편 같아졌다."

가정의 분위기가 많이 달라졌다. 이 과정에서 내가 깨달은 것이 있다. 사람은 지적으로 변화되는 것이 아니라, 사랑과 격려로 변화된다는 사실이다.

들보 낀 남편과 들보 낀 아내가 왜곡된 눈으로 서로를 향해 "가정은 이래선 안 되고, 저래선 안 돼!"라고 아무리 지적해도 가정은 변화되지 않는다. 자녀 교육도 마찬가지다. 가정이 제대로 회복되기 위해서는 먼저 나 자신에게 들보가 있음을 자각해야 한다. 그리고 그 들보는 내 힘으로 뺄 수 없는 것임을 인정해야 한다. 그 깨달음을 바탕으로 우리가 이사야서 6장의 은혜를 받아야 한다. 내 힘으로 뺄 수 없는 들보가 예수 그리스도의 십자가 복음의 능력으로 빠질 줄 믿는다. 이것을 경험하는 것이 신앙생활이다.

이런 맥락에서 본문을 통해 우리가 꼭 기억해야 할 두 가지 메시지를 나누고 싶다.

건강한 신앙생활을 나타내는 지표

첫째, 신앙생활의 건강성은 '건강한 대인관계'로 증명해야 한다는 것이다.

내가 아무리 성경 묵상을 열심히 하고, 새벽예배에 안 빠지고, 매일 성경을 100장씩 읽는다 해도 이것만으로는 내 신앙의 건강성을 증명할 수 없다.

'네가 그렇게 영적으로 충만하니? 너의 충만함을 대인관계 속에서 증명해 보이거라.'

이것이 우리를 향한 하나님의 충고임을 깨달아야 한다. 우리의 영적 충만함을 대인관계에서 증명하지 않으면 안 된다는 사실을 꼭 기억해야 한다.

로마서 1장 29-31절에 열거되는 수많은 죄의 양상들을 분류해보니 흥미롭게도 그 많은 죄가 딱 두 가지로 분류되었다.

가장 먼저 나오는 불의와 추악과 탐욕과 악의는 무엇인가? 나의 내면에 도사리고 있는 죄 아닌가? 그런가 하면 그다음에 나오는 시기와 살인과 분쟁과 수군수군하는 것과 비방하는 것과 부모를 거역하는 것은 다 대인관계의 문제이다. 하나님은 이처럼 관계를 중요하게 여기시는 분이다.

대표적인 교리서라고 하는 로마서의 접근 방식도 보라. 기독교 교리를 집대성해놓은 로마서이지만, 로마교회 성도들을 향한 바울의 사랑과 격려의 마음을 따뜻하게 표현하는 형식으로 서술되고 있음을 기억해야 한다.

유대인들이 실패한 것이 바로 이 부분이다. 선민이라 자부하던 그들의 대인관계를 보라.

바리새인의 서기관들이 예수께서 죄인 및 세리들과 함께 잡수시는 것을 보고 그의 제자들에게 이르되 어찌하여 세리 및 죄인들과 함께 먹는가 막 2:16

연약한 자들을 향한 그들의 못된 태도가 느껴지지 않는가? 누가복음 18장에도 비슷한 모습이 나온다.

바리새인은 서서 따로 기도하여 이르되 하나님이여 나는 다른 사람들 곧 토색, 불의, 간음을 하는 자들과 같지 아니하고 이 세리와도 같지 아니함을 감사하나이다 눅 18:11

골방에서 자기 혼자 하는 기도도 이렇게 하면 안 될 텐데, 지금 어떤 상황에서 드려지는 기도인가?

> 두 사람이 기도하러 성전에 올라가니 하나는 바리새인이요 하나는 세리라 눅 18:10

세리와 같이 기도하는 중이다. 같이 기도하면서 그 사람들으라는 식으로 "나는 이런 저질 같은 사람과 다른 사람입니다"라고 기도하고 있는 것이다. 이것이 얼마나 민망한 상황인지조차 모를 정도로 당시 유대인들의 교만이 극에 달해 있었다. 유대인들을 향한 예수님의 지적의 핵심이 이것이다.

이 사실을 꼭 기억해야 한다. 우리가 비록 토색하지 않아도, 불의를 저지르지 않아도, 대인관계에서 유대인들과 같은 교만한 태도를 취하면 하나님 앞에서는 "그러므로 이 사람아, 너도 저 사람과 똑같은 인간이야"라는 책망을 피할 수 없다는 것이다. 정말 뼈아프게 들어야 할 말씀이다.

복음의 감격 회복이 건강한 대인관계를 맺는다

둘째, '건강한 대인관계'는 복음에 대한 감격의 회복으로 가능하다는 사실을 기억해야 한다.

한번은 로마서 2장 1절 말씀을 묵상하다가 문득 이런 상상을 하게 되었다. 바울이 로마서를 쓰다가 2장 1절을 쓰고는 잠시 펜을 놓고 눈시울을 붉히며 눈물을 글썽이는 장면이다. 내가 왜 이런 상상을 했을까? 지금 바울이 쓰고 있는 "그러므로 남을 판단하는 사람아!"는 은혜 받기 전의 자기 모습 아닌가? 예전에 그는 자기 생각과 조금만 다르면 다 틀린 것이라 인식하며 혈기를 부렸고, 심지어는 그 문제로 예수 믿는 사람을 잡아 죽이러 다니던 이력을 갖고 있던 인물 아닌가? 다메섹으로 갈 때만 해도 얼마나 혈기 등등했는가? 그렇게 자기 눈에 가득한 들보는 못 보면서 다른 사람들의 티를 빼겠다고 설치던 바울이 예수 그리스도를 만나 복음을 경험하고 이처럼 놀라운 사랑의 사도로 변화되었으니, 그 감격이 어땠겠는가? 이런 생각을 하다 보니 바울이 2장 1절을 써놓고는 자신을 변화시켜주신 하나님의 은혜에 감격하여 손수건을 꺼내 들고 눈물을 훔치는 장면이 그려진 것이다.

디모데전서 1장을 보라.

내가 전에는 비방자요 박해자요 폭행자였으나 도리어 긍휼을 입은 것은 내가 믿지 아니할 때에 알지 못하고 행하였음이라 딤전 1:13

이랬던 바울이 어떻게 변했는가?

우리 주의 은혜가 그리스도 예수 안에 있는 믿음과 사랑과 함께 넘치도록 풍성하였도다 미쁘다 모든 사람이 받을 만한 이 말이여 그리스도 예수께서 죄인을 구원하시려고 세상에 임하셨다 하였도다 죄인 중에 내가 괴수니라 딤전 1:14,15

앞에서 이사야가 "화로다 나여 망하게 되었도다"라고 고백했던 것과 비슷한 고백을 바울도 하고 있음을 볼 수 있다. 그가 어떻게 이런 깨달음을 얻게 되었는가? 이어지는 말씀을 보자.

그러나 내가 긍휼을 입은 까닭은 예수 그리스도께서 내게 먼저 일체 오래 참으심을 보이사 후에 주를 믿어 영생 얻는 자들에게 본이 되게 하려 하심이라 딤전 1:16

늘 남을 정죄하고 비판하던 바울이 이처럼 큰 감격으로 가슴이 벅찬 상태로 바뀐 것이다. 자신과 가장 가까운 배우자나 부모에게, 그리고 자녀에게 늘 "당신이 문제야. 당신 때문에 내가 힘들어"라고 원망하던 사람이 "아니야, 내가 문제였어. 내가 죄인 중에 괴수였어"라고 고백하게 되는 것이 은혜 받은 사람의 진정한 모습이다.

복음의 백신이 필요하다

몇 년 전, 중동에서 메르스 바이러스에 감염되어 온 한 사람으로 말미암아 온 나라가 두려움에 떨었던 것을 기억하는가? 그때 메르스 바이러스의 가공할 만한 전파력을 보면서 온 국민이 경악했는데, 그런 전파력을 가진 것은 비단 메르스 바이러스만이 아니다.

마음에 하나님 두기를 싫어하는 세상 죄악이 가진 강력한 전파력이 얼마나 강하고 집요한지, 그 실상을 날마다 목도하는 현실이다.

울분과 분노의 전파력, 끊임없이 너 때문이라고 손가락질하는 비난의 전파력이 대한민국을 뒤덮고 있는 현실 아닌가? 윤리적 타락의 전파력, 성적 타락의 무서운 전파력으로 가정이 붕괴되고 있는 것이 보이지 않는가?

이런 현실이기에 우리에게는 예수 그리스도의 십자가 복음이라는 백신이 필요하다. 그 복음의 백신으로 혼탁한 우리 내면이 치유 받아야 하는 것은 물론이고, 서로를 향한 '비난과 정죄'라는 우리의 태도도 바뀌어야 한다.

우리 안에 복음의 감격이 회복되면 날마다 심판자의 자리에 올라서서 '넌 이게 잘못됐고, 넌 이것을 고쳐야 해!'라고 비난하는 태도가 사라지고, 그 대신 주님의 관대하심과 너그러움으로 상대방을 대하게 된다. 그뿐만 아니라 보다 적극적으로 연약한 이웃을 섬기고 돌보는 사랑이 회복된다.

예수님을 만나 감격했던 삭개오의 변화가 바로 그런 사례이다. 삭개오는 주님을 만나는 기쁨을 맛보자마자 이런 선포를 했다.

> 삭개오가 서서 주께 여짜오되 주여 보시옵소서 내 소유의 절반을 가난한 자들에게 주겠사오며 만일 누구의 것을 속여 빼앗은 일이 있으면 네 갑절이나 갚겠나이다 눅 19:8

이런 삭개오의 선포를 보면서 어떤 생각이 드는가? 거듭 강조하지만 예수 그리스도로 인해 변화된 나의 내면은 '대인관계의 변화'라는 열매로 나타나야 한다.

예수의 옷을 입고 세상으로

이런 면에서 보면 한국교회에는 아직도 존경받아 마땅한 그리스도인이 많다. 이것이 자랑스럽다. 우리 교회에도 이웃사랑분과나 복지재단 등에서 연약한 이웃을 헌신적으로 섬기는 분이 얼마나 많은지 모른다.

몇 년 전, 생활고에 시달리던 송파 세 모녀가 집세와 공과금으로 70만 원을 남겨두고 목숨을 끊은 사건을 기억하는가? 그때 많은 그리스도인이 마음의 괴로움을 이렇게 토로했다.

'남산에 올라가서 보면 대한민국 십자가가 서울 시내에 다 모여 있는 듯이 하늘을 온통 빨갛게 수놓는데…. 이 땅의 교회들이 각각 자기 지역에 있는 송파 세 모녀와 같은 연약한 이웃들을 섬겼다면 이런 비극을 막을 수 있었을 텐데.'

나 역시도 그 사건으로 많은 자책이 있었다. 그래서 만들어진 것이 '긴급구호뱅크'이다. 종교 불문하고 복지 사각지대에 놓인 분들에게 긴급한 도움을 제공하여 이런 가슴 아픈 비극을 막아보자는 취지에서 시작했다.

막상 이 일을 시작하고 보니 선한 사마리아인과 같은 귀한 성도들이 얼마나 많은지 알 수 있었다. 어떤 분은 이 일을 위해 거액의 헌금을 해주셨고, 또 어떤 분은 없는 시간을 쪼개어 현장을 찾아다니며 어려움을 겪는 분들의 눈물을 닦아주는 일을 했다. 그들은 왜 그 귀한 물질과 시간을 주저 없이 드리는 것일까? 그리고 교회는 또 왜 이런 일을 해야 하는가?

신앙생활의 건강성을 건강한 대인관계로 증명해야 하기 때문이다. 내가 받은 은혜의 감격의 물꼬를 이웃을 향한 대인관계로 흘려보내야 하기 때문이다. 그리고 교회는 그런 사람들이 모여 이루는 공동체이기 때문이다. 이것이 복음의 백신을 받은 자의 자세이다. 그러니 의지적으로 결단하라.

"하나님, 제가 복음의 백신을 받고 치유되는 은혜를 입었사오니, 이제 이 물꼬가 이웃을 향한 섬김으로, 생명을 살리는 자리로 흐를 수 있기를 바랍니다!"

우리가 다 가슴 벅찬 복음의 감격을 회복하여 남을 판단하고 비판하는 자리에서 벗어나는 소극적인 변화뿐 아니라, 적극적으로 세상을 섬기고 이웃을 섬기는 아름다운 대인관계를 맺는 은혜를 경험하기를 바란다.

로마서 2:1-4

그러므로 남을 판단하는 사람아, 누구를 막론하고 네가 핑계하지 못할 것은 남을 판단하는 것으로 네가 너를 정죄함이니 판단하는 네가 같은 일을 행함이니라 이런 일을 행하는 자에게 하나님의 심판이 진리대로 되는 줄 우리가 아노라 이런 일을 행하는 자를 판단하고도 같은 일을 행하는 사람아, 네가 하나님의 심판을 피할 줄로 생각하느냐 혹 네가 하나님의 인자하심이 너를 인도하여 회개하게 하심을 알지 못하여 그의 인자하심과 용납하심과 길이 참으심이 풍성함을 멸시하느냐

CHAPTER 2

제대로 된 비판을
회복하라

생각보다 심각한 죄

이미 살펴본 것처럼 로마서 1장은 하나님을 알지 못하는 사람 혹은 하나님을 마음에서 쫓아낸 이방인들을 겨냥하여 쓴 데 반해, 로마서 2장은 유대인들, 다시 말해 자기는 하나님을 잘 믿는다고 생각하지만 그 마음에서 복음을 거부하는 자들을 겨냥하여 쓴 것이다. 그러다 보니 로마서 2장에는 유대인들의 문제점을 아주 신랄하게 지적하는 내용이 열거되어 있다.

그런데 이 부분을 묵상하다가 발견한 것이 하나 있다. 수없이 열거되는 유대인들의 문제점 가운데 가장 먼저 지적되는 것이 무엇인지 보라.

그러므로 남을 판단하는 사람아, 누구를 막론하고 네가 핑계하지

못할 것은 남을 판단하는 것으로 네가 너를 정죄함이니 판단하는 네가 같은 일을 행함이니라 롬 2:1

'남을 판단하는 태도'를 가장 먼저 지적하고 있다. 흥미롭지 않은가? 유대인들이 가지고 있던 문제가 많이 있었는데, 왜 하필 '남을 비판하고 판단하는 태도'를 가장 먼저 지적했을까? 혹 이 문제가 하나님의 관점에서는 우리가 생각하는 것 이상으로 중요한 문제인 것은 아닐까?

이런 생각을 하며 로마서를 계속 보다 보니 아니나 다를까 로마서 14장에 이와 관련하여 심각한 말씀이 있었다.

네가 어찌하여 네 형제를 비판하느냐 어찌하여 네 형제를 업신여기느냐 우리가 다 하나님의 심판대 앞에 서리라 롬 14:10

이렇다면 남을 비판하고 정죄하는 것이 우리가 생각하는 것보다 훨씬 심각한 문제 아닌가?

사실 하나님께서 이 문제를 심각하게 보신다는 것은 앞에서 살펴본 로마서 1장을 통해서도 알 수 있다. 로마서 1장 29절부터 나오는, 그 마음에 하나님 두기를 싫어하는 인생들에게서 나타나는 수많은 죄악의 열매 가운데 이런 항목이 있지 않은가?

"수군수군하는 자요 비방하는 자요."

이 말씀을 보면 수군수군하고 비방하는 것은 하나님이 없는 이 방인들이 하는 짓인데, 안타깝게도 오늘날 교회 안에 이런 일들이 얼마나 난무하고 있는가? 이것이 무엇을 의미하는가? 예수 믿는다고 하는 우리가 은혜 가운데 흠뻑 젖으면 고상하고 주님을 닮은 인격이 되지만, 은혜를 받지 못하고 하나님의 은혜와 단절되면 예수를 안 믿는 사람보다 더 저급한 종교인으로 전락한다는 것이다.

나 자신을 봐도 그렇다. 은혜 아래 흠뻑 젖어 있으면 상대방의 허물에 대해 관대해지고, 용서도 쉽게 이루어진다. 이런 면에서 스스로를 돌아봐야 한다. 혹시 요즘 모이기만 하면 수군거리고 비방하기 좋아하고, 남 헐뜯는 일에 시간을 허비하고 있지는 않은가? 그렇다면 지금 영적으로 큰 문제가 있는 것이다. 절대로 정상이 아니다. 이런 점으로 자기를 점검해야 한다.

비판이 문제가 아니라 병든 비판이 문제다

그런데 여기서 한 가지, 본문 말씀에서 오해하면 안 되는 것이 있는데, 이는 본문이 '판단하고 비판하는 것 그 자체'를 지적하는 말씀이 아니라는 것이다. 오히려 구약의 선지서 같은 곳을 보면 비판하지 않고 정죄하지 않는 것을 두고 얼마나 신랄하게 꾸짖고 있는가? 예를 들어, 이사야서 56장 10절을 보라.

이스라엘의 파수꾼들은 맹인이요 다 무지하며 벙어리 개들이라 짖지

못하며 다 꿈꾸는 자들이요 누워 있는 자들이요 잠자기를 좋아하는 자들이니 사 56:10

백성들이 타락하고 변질되어가고 있는데 지도자들의 눈이 어두워 그것을 꾸짖지 않고 비판하지 않는 것을 두고 '벙어리 개'라고까지 표현하면서 신랄하게 질책하는 것을 볼 수 있다.

엄밀히 말하면 로마서를 기록한 바울 자신도 지금 변질된 유대인들에 대해 얼마나 신랄하게 비판하고 있는가? 그렇기 때문에 비판 자체를 금해서는 안 된다. 비판 자체가 잘못된 것이 아니라, 병든 비판이 문제라는 것이다.

만약 내가 강단에 서서 로마서 2장 1절 말씀을 가지고 "보셨죠! 교회에 대해 비판하면 안 됩니다. 특히 주의 종은 비판하면 안 됩니다. 담임목사 비판하면 저주가 임합니다"라고 한다면, 그것은 결코 옳은 설교가 아니다. 건강한 교회일수록 건강한 비판이 필요하다. 우리는 다 연약한 존재이기 때문에 건강한 비판을 통해서 계속해서 성장하고 바른 길로 가야 한다. '병든 비판'이 문제이지 '건강한 비판'은 누구에게나 필요하다는 것이다.

사전에서 '비판'이란 단어를 찾아보니, "사물의 옳고 그름을 판단하여 밝히거나 잘못된 점을 지적함"이라고 그 뜻을 설명하고 있었다. 이 설명대로라면 비판이 얼마나 좋은 덕목인가?

누구라서 평생 올바른 길만 가는가? 누구라서 평생 천사 같은 생각만 하겠는가? 목회자도 예외가 아니다. 때로 실족하고 넘어지고 엉뚱한 길로 빠질 때가 있다. 그렇기 때문에 사물의 옳고 그름을 판단하여 밝히거나 잘못을 지적해주는 좋은 비판자가 주변에 있다면 참 복된 일이다.

나는 누구와 만나든 거의 대화의 마지막에 이런 요청을 한다. 특히 우리 교회 부교역자들에게 종종 묻는다.

"당신이 보기에 담임목사로서 내가 잘못하고 있는 것이 뭐라고 생각하는가? 지적해줄 것이 혹시 없는가? 요즘 내 설교에 대해 지적해줄 것은 없는가?"

그래서 우리 교회 교역자들은 나와 상의할 일이 있어서 올 때면 항상 이 마지막 질문에 대한 답을 생각하고 온다고 한다. 심지어 이제 막 신학교에 들어간 교육전도사를 만나도 나는 꼭 이 질문을 던진다. 그러면 보통 당황하면서 "아니, 어떻게 제가 목사님 설교를 비판합니까?"라고 하는데, 감사한 것은 그러면서 또 "목사님이 물으시니 어쩔 수 없이 말씀드리는데요…"라고 하면서 할 얘기는 다 한다는 것이다.

가끔은 주일 1부 예배가 끝나면 교역자들에게 "목사님, 본문을 그렇게 해석하시면 안 될 것 같습니다"라는 메일이 온다. 나는 이런 지적의 메일에 대해 한 번도 기분 나쁘게 생각해본 적이 없다. 오히려 용기 내어 지적해주는 후배가 고마운 일 아닌가? 교육전도사가 비판하면 어떻고, 선배 목사가 비판하면 어떤가? 누가 비판하든 그 비판을 통해서 잘못된 것을 교정하고 성장할 수만 있다면 얼마나 유익한 일이겠는가 말이다. 나는 성도들이 교회를 사랑하고 또 담임목사를 사랑하고 아낀다면 병든 비판이 아닌 건강한 비판을 더 많이 해야 한다고 생각한다.

병든 비판의 특징

그렇다면 무엇이 병든 비판이고 무엇이 건강한 비판인가? 여러 말로 설명할 수 있겠으나 본문을 기준으로 정리해보았다. 먼저 병든 비판의 두 가지 특징을 살펴보자.

교만이나 우월감으로 하는 비판

첫째, 병든 비판은 교만이나 우월감으로 하는 비판이다.

로마서 2장 1절에 나오는 '판단하다'라는 단어는 법정 용어로, 자기는 재판관의 자리에 서고 상대방은 죄인의 자리에 앉혀서 행하는 비판이란 의미가 담겼다. 바로 이것이 병든 비판이라는 것이다.

당시 유대인들은, 자기들은 하나님의 택함을 받은 거룩한 백성이라는 선민의식이 너무 강해서 자기 민족 외에 나머지 이방인은 그들 기준에서는 사람도 아니었다. 심지어 당시 유대인들은 하나님이 이방인을 만드신 까닭이 '지옥의 불쏘시개'로 쓰시기 위함이라는 어처구니없는 생각을 갖고 있기도 했다. 이런 말도 안 되는 교만과 우월감에 사로잡혀 하는 비판이 병든 비판이라는 것이다.

가슴 아픈 사실은, 오늘날 교회 안에 이런 교만한 마음을 가진 사람이 의외로 많다는 것이다. 교회 안에서 병든 비판이 많이 일어나는 이유가 여기에 있음을 알아야 한다.

이런 교만과 우월감을 가지고 하는 비판이 얼마나 무서운지 로마서 14장 10절을 다시 보라.

> 네가 어찌하여 네 형제를 비판하느냐 어찌하여 네 형제를 업신여기느냐 우리가 다 하나님의 심판대 앞에 서리라 **롬 14:10**

우리는 누구나 예외 없이 하나님의 심판대 앞에 서야 할 죄인인데, 누가 누구를 비판하겠는가?

자신에게는 적용하지 않는 비판

둘째, 병든 비판의 특징은 그 비판을 자기 자신에게는 적용하지 않는다는 것이다.

> 그러므로 남을 판단하는 사람아, 누구를 막론하고 네가 핑계하지 못할 것은 남을 판단하는 것으로 네가 너를 정죄함이니 판단하는 네가 같은 일을 행함이니라 **롬 2:1**

그것이 잘못된 것임을 정확하게 알고 지적하고 비판하면서 왜 자기가 똑같은 잘못을 저지르는가? 그 비판의 잣대를 상대방에게만 적용하고 자기에게는 적용하지 않기 때문이다. 3절도 마찬가지다.

> 이런 일을 행하는 자를 판단하고도 같은 일을 행하는 사람아, 네가 하나님의 심판을 피할 줄로 생각하느냐 롬 2:3

《내 인생에 멘토가 되어준 한마디》라는 책에 쥘 르나르라는 프랑스 작가의 글을 인용하는 대목이 나온다.
"타인의 결점을 눈으로 똑똑히 볼 수 있는 것은 바로 우리들 자신에게도 그런 결점이 있기 때문이다."
짧지만 정말 의미 있는 말 아닌가? 그 결점이 내게 없다면, 그래서 그것이 무엇인지 모른다면 상대방의 결점이 내 눈에 그렇게 잘 띄겠는가? 그렇기 때문에 우리가 누군가를 비판할 때는 항상 그 비판을 자기 자신에게도 적용해야 한다. "당신 그렇게 하면 안 돼"라고 하는 그 비판이 내 귀에도 똑같이 들려져야 함을 기억해야 한다는 것이다.

병든 비판의 위험성

병든 비판, 특히 자신에게는 적용하지 않고 상대방만을 향한 비판이 왜 위험한가? 회개할 기회를 놓치기 때문이다.
로마서 1장에서 하나님의 진노의 양상을 세 번에 걸친 '내버려두사, 내버려두사, 내버려두사'라는 표현으로 설명하고 있는데, 그렇다면 내버려두지 않으시고 매를 들어 징계하시는 것은 도리어 축복이 될 수 있다.

다시 말해서, 목사인 내가 목사답지 않은 짓을 할 때 하나님이 바로 매를 들어 징계하심으로 내가 고통을 느낀다면 그것이 내게 축복이라는 것이다. 아무리 타락한 짓을 저질러도 들키지 않고 고통이 없다면 결국 끝에 가서는 말로 다할 수 없는 비극의 자리에 빠지고 만다. 그렇기 때문에 하나님이 우리에게 매를 드신다면 그것이 축복이란 것이다.

이런 면에서 우리는 늘 남을 비판하고 정죄하기보다는 스스로를 돌아보며 회개의 자리로 나아가야 한다. 비판을 상대방에게만 적용하지 말고 자기 자신을 돌아보는 도구로 삼아야 한다는 말이다.

로마서 2장에 나오는 유대인들의 어리석음이 바로 이것이다. 1장에 나오는 하나님을 알지 못하는 자들의 타락과 변질을 보면서 남욕이나 할 줄 알았지, 이것을 자기 것으로 소화하지 못한 것이다. 이것이 다른 사람만 비판하고 자기에게 적용하지 않는 사람의 어리석음이다.

한 4,5년 전쯤 어느 해엔가, 대형교회 목사님 몇 분의 이런저런 사고가 한꺼번에 수면 위로 떠올라 온통 혼미했던 때가 있었다. 유명한 목사님의 성추행이 드러나 갑자기 실족했는가 하면, 또 어느 목사님은 교회의 공금 문제로 세상 법의 심판을 받는 일이 있었다.

그때 목회자들이 삼삼오오 모여서 그 문제를 두고 많은 비판을 했다. 마땅히 비판할 일이었다. 그런데 그 무렵에 나는 우리 교회 전체 교역자들을 모아놓고 이런 메시지를 전한 적이 있다.

"우리가 이런 일은 비판해야 한다. 다시는 이런 일이 일어나지 않도록 일벌백계하는 것이 맞다. 하지만 비판만 하고 있으면 안 된다. 그 일을 통해 나 자신에게는 그런 모습이 잠복해 있지는 않은지 돌아보는 계기로 삼아야 한다."

이것이 무슨 뜻인지를 나는 자주 다윗을 들어 설명한다. 하나님께서 다윗이 남편 있는 여자를 범하여 임신을 시키고, 그것도 모자라 그 남편을 죽게 했던 일을 성경에 왜 기록하셨는가? 그리고 우리는 그런 내용을 담은 성경을 왜 읽는가? 묵상은 왜 하는가? 만약 성경을 펴서 묵상을 하려고 하는데, 다윗이 남편 있는 여자와 동침하고 그 남편을 죽이는 대목이 나온다면 우리는 이것을 어떻게 적용해야 하는가?

"오늘의 적용 : 다윗은 나쁜 놈이다. 어떻게 이런 짓을 저지를 수 있는가? 천인공노할 놈."

이것이 적용 내용인가? 아니다. 하나님이 다윗의 범죄를 기록하게 하셨을 때는 다윗을 욕하고 끝내라고 하신 것이 아니다. 그 사건을 통해서 하나님께서는 우리에게 무슨 경고를 주시는지, 내가 다윗과 같은 우를 범하지 않으려면 어떻게 하나님을 의지해야 하는지를 알게 하시기 위해 성경에 기록해놓으신 것이다.

나는 우리 주변에서 일어나는 가슴 아픈 일들을 대하는 태도도 마찬가지라고 생각한다. 주변에서 그런 가슴 아픈 일이 발생한다면, 그런 짓을 한 사람에 대한 정죄와 비난으로 끝낼 것이 아니라, 그 사건을 내게 주시는 하나님의 경고로 받아야 한다는 것이다.

내가 미국으로 이민 갔던 80년대 초중반에, 당시 TV 설교가로 유명했던 지미 스와가트 목사가 있었다. 그런데 그가 우연히 동료 목사인 마빈 고먼 목사의 불륜 사실을 알게 되었다. 스와가트 목사는 교단에 마빈 고먼 목사를 고발했고, 이 일로 마빈 고먼 목사는 교단에서 쫓겨났다.

그런데 몇 년 후 무슨 일이 일어났는지 아는가? 동료 목사의 성범죄를 고발했던 스와가트 목사 자신이 성매매 여성과 모텔에 들어가다가 들통 나서 교단에서 쫓겨나고 TV 설교를 그만두는 사건이 있었다. 방송에서 스와가트 목사가 "나는 죄인입니다"라고 울면서 절규하는 장면이 내 머릿속에 각인되어 지워지지 않는다.

몇 년 전 자기 동료 목사의 성범죄를 비판하고 고발할 때, 그 비판을 자기 자신에게도 돌렸다면 이런 수치는 피할 수 있었을 것 아닌가? 그 일을 자기에게 주시는 하나님의 경고 메시지로 들었다면 얼마나 좋았겠는가?

비판하기 좋아하면서 그 비판의 잣대를 자기에게 돌리지 않는 사람의 어리석음과 위험성이 바로 여기에 있다. 우리는 누군가를 비판할 일이 있을 때 그 안에 담긴 하나님의 경고와 메시지를 자기에게로 끌어당겨 흡수할 줄 아는 신앙을 가져야 한다.

건강한 비판의 특징

병든 비판의 두 가지 양상을 살펴보았는데, 그렇다면 반대로 우리가 취해야 할 건강한 비판의 특징은 무엇인가? 역시 두 가지로 정리해보자.

긍휼의 정신으로 하는 비판

첫째, 건강한 비판은 복음이 지닌 '긍휼의 정신'으로 하는 비판이다.

사복음서를 보면 예수님이 병을 고쳐주시고 귀신을 쫓아내시는 등 이적을 베푸시는 장면에 공통적으로 쓰이는 단어를 하나 발견할 수 있다. 바로 '불쌍히 여기사'라는 표현이다.

> 주께서 과부를 보시고 '불쌍히 여기사' 울지 말라 하시고 눅 7:13

> 예수께서 '불쌍히 여기사' 그들의 눈을 만지시니 곧 보게 되어 그들이 예수를 따르니라 마 20:34

> 예수께서 나오사 큰 무리를 보시고 '불쌍히 여기사' 그중에 있는 병자를 고쳐주시니라 마 14:14

> 예수께서 '불쌍히 여기사' 손을 내밀어 그에게 대시며 이르시되 내가 원하노니 깨끗함을 받으라 하시니 막 1:41

예수님이 이 땅에 오셔서 병을 고쳐주시고 귀신을 쫓아내주신 그 모든 이적의 동력은 '불쌍히 여기사', 즉 그 일로 고통 받는 인생을 향한 긍휼이었다. 이것이 복음이신 예수님의 정신이라면, 우리가 남을 비판할 때 무슨 정신으로 해야겠는가? '긍휼'을 뜻하는 영어 단어 'compassion'은 '함께'라는 뜻의 'com'과 '고통'이라는 뜻의 'passion'의 합성어이다. 그러니 우리가 남을 비판할 때 저 타락의 길로 가는 형제의 고통과 아픔을 함께하는 마음으로 다가가는 것이 건강한 비판이라는 것이다.

오늘날 교회 안에 난무하는 비판은 '불쌍히 여기사'가 담겨 있지 않은 것이 대부분이다. 너무나 가슴 아픈 일 아닌가? 내가 늘 주님 앞에서 구하는 것이 몇 가지 있는데, 그중에 하나가 이것이다.

"하나님, 사랑하지 않고는 비판하지 않게 해주세요."

이것이 참 실천이 어렵다. 너무너무 어렵다. 그래서 하나님의 도우심을 구하고 또 구한다.

당신도 복음이 깃든 삶을 살고 싶은가? 십자가의 능력을 경험하는 삶을 살고 싶은가? 그렇다면 우선 이 한 가지를 실천해야 한다.

"사랑하지 않으면 비판하지 말자."

사랑하지 않으면 비판하지 않겠다는 결단을 통해 성령께서 우리를 복음으로 인도하시는 은혜를 주실 줄 믿는다.

상대방을 살리는 비판

둘째, 건강한 비판은 상대방을 깨우치고 상대방을 살리기 위해서 하는 비판이다.

로마서 2장에서 바울이 유대인들을 향해 신랄한 비판을 퍼붓고 있는데, 그가 그렇게 할 수밖에 없는 이유를 로마서 2장 2절에서 이렇게 설명한다.

> 이런 일을 행하는 자에게 하나님의 심판이 진리대로 되는 줄 우리가 아노라 **롬 2:2**

바울이 유대인들을 왜 그렇게까지 비판한다는 것인가? 유대인들을 저대로 내버려두면 하나님의 심판을 받을 수밖에 없기 때문에 방치할 수 없는 사랑의 마음으로 비판한다는 것이다. 바로 이것이 바울의 비판과 유대인들의 비판의 결정적인 차이점이다.

우리에게는 이런 애절한 마음이 있는가? 가슴 아픈 것은, 오늘날 교회 안에서 행해지는 수많은 비판 중에 바울처럼 상대방을 깨우치고 살리고자 하는 심정으로 하는 비판은 잘 보이지 않는다는 것이다. 그저 비판을 위한 비판이 난무하는 교회의 현실을 아프게 회개해야 한다.

복음이신 주님을 만날 때 변화된다

그렇다면 우리가 이제 어떻게 해야 하는가? 어떻게 하면 병든 비판을 내려놓고 건강한 비판을 만들어 갈 수 있는가? 해결책은 우리도 바울처럼 예수님을 만나면 된다. 이런 점에서 나는 바울이 다메섹 도상에서 예수님을 만나 고꾸라지는 장면을 읽을 때마다 감동을 받는다.

땅에 엎드러져 들으매 소리가 있어 이르시되 사울아 사울아 네가 어찌하여 나를 박해하느냐 하시거늘 대답하되 주여 누구시니이까 이르시되 나는 네가 박해하는 예수라 행 9:4,5

주님을 만나는 이 장면이야말로 바울이 건강한 비판자로 거듭날 수 있었던 비결 아니겠는가? 그래서 바울은 로마서 3장 9절에서 이렇게 선포한다.

그러면 어떠하냐 우리는 나으냐 결코 아니라 유대인이나 헬라인이나 다 죄 아래에 있다고 우리가 이미 선언하였느니라 롬 3:9

그러고는 로마서 3장 21절에서는 이렇게 말한다.

이제는 율법 외에 하나님의 한 의가 나타났으니 율법과 선지자들에

게 증거를 받은 것이라 **롬** 3:21

율법으로는 안 된다. 남을 비판하는 잣대로 쓰이는 율법만 가지고는 건강한 비판자가 될 수 없다. 율법 외에 하나님의 한 의가 나타났는데, 그 의가 십자가를 지신 예수 그리스도, 곧 복음이신 주님이시다. 우리가 그 주님을 만나야 한다. 그럴 때 건강한 비판자로 새롭게 될 수 있다.

이런 면에서 나는 은혜를 구하며 부르는 찬양이 있다.

보소서 주님 나의 마음을
선한 것 하나 없습니다
그러나 내 모든 것 주께 드립니다
사랑으로 안으시고 날 새롭게 하소서

이 찬양의 가사를 보면 "내 모든 것 주께 드립니다"라고 고백한 후에 어떤 요청을 드리는가? "사랑으로 안으시고 날 새롭게 하소서"라고 구한다. 왜 그렇게 날카로운 비판자가 되는가 하니 사랑을 못 받아서 그렇다. 사랑에 굶주려서, 울분과 분노가 많아서 그렇다. 그래서 우리는 주님께 은혜를 구하고, 사랑을 구하고, 주님의 마음을 구해야 하는 것이다.

주님 마음 내게 주소서 내 아버지
주님 마음 내게 주소서
나를 향하신 주님의 뜻이 이루어지도록
주님 마음 내게 주소서

주님의 마음이 임할 때 내 안에 인이 박여 있는 병든 비판자의 모습이 건강한 비판자의 모습으로 바뀔 수 있다. 예수 그리스도를 만나 그 삶과 모습이 완전히 바뀌었던 사도 바울처럼 말이다.

로마서 2:1-5

그러므로 남을 판단하는 사람아, 누구를 막론하고 네가 핑계하지 못할 것은 남을 판단하는 것으로 네가 너를 정죄함이니 판단하는 네가 같은 일을 행함이니라 이런 일을 행하는 자에게 하나님의 심판이 진리대로 되는 줄 우리가 아노라 이런 일을 행하는 자를 판단하고도 같은 일을 행하는 사람아, 네가 하나님의 심판을 피할 줄로 생각하느냐 혹 네가 하나님의 인자하심이 너를 인도하여 회개하게 하심을 알지 못하여 그의 인자하심과 용납하심과 길이 참으심이 풍성함을 멸시하느냐 다만 네 고집과 회개하지 아니한 마음을 따라 진노의 날 곧 하나님의 의로우신 심판이 나타나는 그 날에 임할 진노를 네게 쌓는도다

CHAPTER 3

번지수를
잘못 짚었다

너나 쟤나 똑같다

앞에서도 강조했지만 로마서 2장에서 그려지는 인생의 모습은 1장에서 타락의 극치를 달리던 인생의 모습과는 사뭇 다르다. 그러나 스스로의 행위를 지나치게 의지하여 '나는 복음이 필요 없다. 나는 내 행위로 구원 받을 수 있다. 나는 저들과 다른 사람이다'라고 하는 영적 우월감과 교만이 그들이 가진 문제의 핵심이었다. 그런데 우리가 심각하게 알아야 할 것은, 하나님께서는 이 둘을 동일선상에 놓고 취급하신다는 사실이다.

겉으로 보기에는 사뭇 다른 인생을 담고 있는 로마서 1장과 2장이 '그러므로'라는 접속사로 연결되고 있다는 것이 무엇을 의미하겠는가?

'영적 우월감에 빠져 남을 무시하고, 더군다나 복음을 받을 생각

조차 안 하는 너희도 1장에 나오는 파탄 난 인생들과 똑같은 심판의 대상이다.'

이것이 로마서 2장의 요지이다. 그래서 2장 내내 영적 우월감과 교만에 빠진 그들을 향한 질책이 얼마나 무섭게 나오는지 모른다.

> 이런 일을 행하는 자를 판단하고도 같은 일을 행하는 사람아, 네가 하나님의 심판을 피할 줄로 생각하느냐 **롬 2:3**

2장과 3장 초반까지 이런 직격탄을 날리다가 3장 9절에서는 이런 결론을 내린다.

> 그러면 어떠하냐 우리는 나으냐 결코 아니라 유대인이나 헬라인이나 다 죄 아래에 있다고 우리가 이미 선언하였느니라 **롬 3:9**

또 로마서 14장 10절을 보라.

> 네가 어찌하여 네 형제를 비판하느냐 어찌하여 네 형제를 업신여기느냐 우리가 다 하나님의 심판대 앞에 서리라 **롬 14:10**

아무리 존경스러워 보이고 훌륭해 보여도, 하나님의 심판을 면할 수는 없다는 말이다. 그러니 누구를 비판하겠느냐는 것이다.

오십보백보

이 구절을 읽다가 책에서 읽었던 한 이야기가 생각났다. 어느 초등학교 교실에서 구구단 시험을 봤다.

"8 곱하기 7은 얼마인가?"

이 문제에 A라는 아이는 54라고 쓰고, B라는 아이는 47이라고 썼다. 정답은 56이니 둘 다 틀린 것 아닌가? 선생님은 두 아이 모두 0점 처리했다. 그랬더니 54라고 쓴 아이가 선생님한테 가서 항의했다고 한다.

"선생님, 저는 정답에서 2밖에 차이가 안 나고, 쟤는 9나 차이가 나는데 둘 다 똑같이 0점을 주시는 건 너무하시는 것 아닙니까?"

정말 우스운 이야기 아닌가? 그런데 생각해보면 로마서 2장에 나오는 유대인들이 바로 지금 시험지 들고 항의하는 아이와 같은 모습이다. 하나님의 법도에서 완전히 벗어났든, 아니면 조금만 벗어났든 하나님 앞에서는 모두가 다 심판의 대상이다.

오늘 우리 주변에도 이 어리석은 아이와 같은 성도가 많다. 성경 조금 더 읽고, 봉사 조금 더 열심히 하는 것 때문에 우월의식에 빠져 자기는 정답에서 2밖에 차이가 안 난다고, 그러니 정답과 9나 차이 나는 다른 사람과 같은 취급하지 말라고 항변하는 모습을 종종 본다. 나는 이런 사람들에게 주님의 무서운 경고를 다시 상기시켜주고 싶다.

그러므로 남을 판단하는 사람아, 누구를 막론하고 네가 핑계하지 못할 것은 남을 판단하는 것으로 네가 너를 정죄함이니 판단하는 네가 같은 일을 행함이니라 롬 2:1

예전에 개그콘서트라는 프로그램에 '도찐개찐'(표준어로는 '도긴개긴')이란 코너가 있었다. 우연히 그 코너를 몇 번 본 적이 있었는데 참 흥미로웠다. 건들건들한 사람 네댓 명이 나와서 정치가들이나 지식인들 이야기를 하며 다 '도찐개찐'이라고 비웃는 코너였다.

'도찐개찐'이 무슨 뜻인가? 오십보백보, 얘나 쟤나 다 비슷하다는 뜻 아닌가? 그런 단어를 가지고 나름 잘났다고 하는 사람들을 비웃는 그 프로그램을 보니 '이것이 로마서 2장의 유대인들을 비웃는 얘기구나' 하는 생각이 들었다. 인간의 행위라는 것이 다 거기서 거긴데, 아무것도 아닌 자기만의 기준으로 우월감에 빠진 사람들, 하나님이 이런 사람들의 어리석음을 '도찐개찐'이란 말로 비웃고 계신다는 생각이 들었다.

이것이 로마서 1장과 2장의 전체적인 흐름인데, 여기서 살펴보고 싶은 포인트는 '그 당시 유대인들이 가졌던 치명적인 문제'에 대한 것이다. 살펴본 것처럼 당시 유대인들에겐 문제가 많았는데, 그중에서도 가장 치명적인 문제는 바로 이것이었다.

"번지수를 잘못 짚었다!"

이것이 로마서 2장에 나오는 유대인들의 문제의 핵심이다. 이것이 무슨 뜻인가 하면, 하나님께서 시종일관 그들에게 원하시는 것은 '회개'이다. 그런데 그들은 계속 다른 해결책만 찾으며 헛다리만 짚고 있었다.

> 혹 네가 하나님의 인자하심이 너를 인도하여 회개하게 하심을 알지 못하여 그의 인자하심과 용납하심과 길이 참으심이 풍성함을 멸시하느냐 다만 네 고집과 회개하지 아니한 마음을 따라 진노의 날 곧 하나님의 의로우신 심판이 나타나는 그날에 임할 진노를 네게 쌓는도다 롬 2:4,5

하나님은 회개하지 않는 유대인들의 잘못을 무섭게 지적하신다. 그리고 보면 하나님께서 유대인들에게 얼마나 오랜 기간 회개를 촉구하셨나? 구약에 등장하는 수많은 선지자가 외쳤던 메시지를 한마디로 요약하면 결국 "회개하라"는 것 아니었는가? 신약으로 넘어와서도 마찬가지다. 다음 말씀들을 보라.

> 그때에 세례 요한이 이르러 유대 광야에서 전파하여 말하되 회개하라 천국이 가까이 왔느니라 하였으니 마 3:1,2

> 이때부터 예수께서 비로소 전파하여 이르시되 회개하라 천국이 가까이 왔느니라 하시더라 마 4:17

내가 의인을 부르러 온 것이 아니요 죄인을 불러 회개시키러 왔노라 눅 5:32

내가 너희에게 이르노니 이와 같이 죄인 한 사람이 회개하면 하늘에서는 회개할 것 없는 의인 아흔아홉으로 말미암아 기뻐하는 것보다 더하리라 눅 15:7

심지어 예수님은 마태복음 21장에서 이렇게 말씀하셨다.

예수께서 그들에게 이르시되 내가 진실로 너희에게 이르노니 세리들과 창녀들이 너희보다 먼저 하나님의 나라에 들어가리라 마 21:31

예수님이 너무 극단적으로 말씀하시는 것 아닌가? 당시 세리와 창녀는 인간 이하의 취급을 받던 자들이었는데, 아무리 종교 지도자들이 타락했기로서니 어떻게 그런 사람들과 비교하며 차라리 그들이 낫다고 말씀하실 수 있는가? 바로 이어지는 32절에 보면 예수님이 무슨 기준으로 이렇게 말씀하시는지를 설명하신다.

요한이 의의 도로 너희에게 왔거늘 너희는 그를 믿지 아니하였으되 세리와 창녀는 믿었으며 너희는 이것을 보고도 끝내 뉘우쳐 믿지 아니하였도다 마 21:32

예수님의 기준을 파악할 수 있지 않은가? 예수님의 기준은 그가 얼마나 선량하고 도덕적이며 존경 받을 만한 일을 많이 했느냐에 있지 않다. 그보다는 그가 얼마나 하나님을 의지하느냐, 얼마나 하나님을 전적으로 신뢰하며 매달리느냐에 있었다. 회개를 이런 측면으로 이해해야 한다. 내가 2장에 나오는 유대인들의 모습을 '번지수를 잘못 짚었다'는 표현으로 설명하는 이유가 여기에 있다.

번지수를 잘못 알고 신앙생활 하는 이들이 비단 유대인들뿐이겠는가? 혹시 우리의 신앙생활도 하나님의 초점과는 완전히 다른, 헛다리를 짚고 있는 것은 아닌가? 아마도 우리 중에 로마서 1장에 해당되는 완전한 인간 파탄자는 없을 것이다. 하지만 자기도 모르는 사이에 로마서 2장의 어리석은 유대인의 자리에 올라 앉아 있을 수도 있음을 자각해야 한다.

직면하지 않아서 생긴 더 큰 문제

여기서 한 가지 꼭 짚고 넘어가야 할 것이 있다. 당시 유대인들에게는 신앙의 번지수를 잘못 짚은 것도 문제였지만, 보다 더 근원적인 문제가 있었는데, 자기들의 문제를 하나님 앞으로 가지고 나가 하나님과 직면하여 문제를 해결하는 방식을 택하지 않고, 스스로 문제를 해결하려 했다는 것이다. 즉, 그들은 자기들의 선행이나 율법을 지키는 것을 통해 자신들의 노력으로 스스로 문제를 해결하려는 어리석음을 범했다. 다시 말해 그들은 자신들이 가진 문제와 또 그 문제의 해결자 되시는 하나님과 직면하지 않는 어리석음을 범한 것이다.

'직면'이란 용어가 무슨 뜻인지는 창세기 3장 8절을 보면 쉽게 알 수 있다. 아담과 하와가 범죄한 이후에 어떤 태도를 취하는가?

> 그들이 그날 바람이 불 때 동산에 거니시는 여호와 하나님의 소리를 듣고 아담과 그의 아내가 여호와 하나님의 낯을 피하여 동산 나무 사이에 숨은지라 창 3:8

아담과 하와가 하나님이 금하신 선악과를 따 먹었다. 하나님은 그들을 믿고 동산의 모든 것을 주인처럼 관리하도록 위임해주셨는데, 하나님과의 약속을 파기해버린 것이다. 문제가 발생한 것이다. 그러면 어떻게 해야 하는가? 하나님께 너무 죄송하여 얼굴을 들 수 없고 입도 떨어지지 않겠지만, 그 문제를 가지고 하나님께 나아가 해결해야 했다. 이것이 하나님이 말씀하시는 '회개'이다. 또 그렇게 하는 것을 상담학 용어로 '직면'이라고 한다.

그런데 아담과 하와는 그러지 못했다. 문제가 발생하자 하나님의 낯을 피하여 나무 밑에 숨어버렸다. 자기들의 방식으로 문제를 해결하려 한 것이다. 이것이 '회피'이다.

오늘날 현대인들이 가지고 있는 많은 문제의 뿌리에는 직면하지 못하는 태도, 즉 회피가 자리잡고 있다.

두려움 때문에 직면을 피한다

그렇다면 사람들은 문제가 발생할 때 왜 직면하지 않는 것일까? 두 가지 이유 때문이다.

첫째로 두려움 때문이다. 창세기 3장 10절의 아담의 변명을 한번 들어보라.

> 이르되 내가 동산에서 하나님의 소리를 듣고 내가 벗었으므로 두려워하여 숨었나이다 창 3:10

고등학생 아이가 시험을 봤는데, 완전히 망쳐버렸다. 부족한 가정 형편에도 학원비 대주고, 독서실 끊어주신 부모님께 얼굴을 들 수가 없다. 그래도 어떻게 해야 하는가? 죽을 각오를 하고 성적표 들고 엄마에게 가서 "엄마, 잘못했어요. 2학기 때는 더 열심히 할게요"라고 고백해야 한다. 이것이 직면이다.

그런데 그 아이가 부모의 반응이 너무 두려워서 성적을 조작하면 어떻게 되겠는가? 실제로 이런 가슴 아픈 일이 있었다. 수학 천재로 알려진 한 재미교포 학생이 미국의 하버드대학과 스탠포드대학에서 동시에 합격증을 받았다고 언론에 대서특필된 적이 있는데, 그 합격증이 위조로 밝혀져 큰 충격을 주었던 적이 있다. 같은 또래의 자녀를 둔 입장에서 그 아이가 그렇게 하기까지 얼마나 마음의 병이 깊었을까 생각하니 가슴이 아팠다. 부모가 그렇게 자기를 믿어주고 주변에는 수학 천재로 유명세까지 떨쳤는데, 막상 원하는 대학에 들어갈 수 없다는 결과가 나오자 두려웠을 것이다. 그러나 그 아이는 아무리 두려워도 직면했어야 했는데, 직면하지 못하는 거기서부터 마음의 병이 시작된 것이다.

고통 때문에 직면하지 못한다

둘째로 사람들이 자기 문제에 직면하지 못하는 이유는, 직면에는 많은 고통이 동반되기 때문이다.

사도행전 2장을 보면, 베드로가 복음을 전하며 회개를 촉구한다. 정말 무섭게 질타한다. 하나님 앞에 직면하라는 이야기다. 그러자 그 말씀을 듣던 사람들이 얼마나 고통스러웠는지 모른다.

> 그들이 이 말을 듣고 마음에 찔려 베드로와 다른 사도들에게 물어 이르되 형제들아 우리가 어찌할꼬 하거늘 행 2:37

여기서 '마음에 찔려'라고 할 때 '찔러'라는 단어가 얼마나 강렬한 단어인가 하면, 예수님이 십자가에서 겪으셨던 일을 묘사하는 다음 구절을 보면 알 수 있다.

> 그중 한 군인이 창으로 옆구리를 찌르니 곧 피와 물이 나오더라
> 요 19:34

지금 한 군인이 창으로 십자가에 달려 계신 예수님의 옆구리를 찔렀는데, 여기 나오는 '찌르니'가 사도행전 2장 37절의 '찔려'와 같은 어원이다. 내가 가지고 있는 문제를 드러내고 그것을 하나님 앞으로 가지고 나아가 직면하는 것이 이 정도로 고통스러운 일이라는 것이다.

그래서 스데반이 말씀을 전하며 회개하라고 촉구하자 그 말씀을 듣던 사람들이 어떻게 반응하는가?

> 그들이 이 말을 듣고 마음에 찔려 그를 향하여 이를 갈거늘 … 그들이 큰 소리를 지르며 귀를 막고 일제히 그에게 달려들어 성 밖으로 내치고 돌로 칠새 증인들이 옷을 벗어 사울이라 하는 청년의 발 앞에 두니라 행 7:54,57,58

직면하는 것이 얼마나 고통스러웠던지, 그 문제를 지적하는 스데반을 돌로 쳐 죽여 버렸다.

오늘날 현대인들의 가정에 너무나 많은 문제가 생기는 원인도 이와 비슷하다. 드러내는 것이 두렵기 때문에 적당히 얼버무리고 살아가는 그 안에서 너무나 많은 병적인 일이 양산되고 있는 것이다.

우리 교회의 한 성도가 자기 힘으로는 끊을 수 없는 포르노 중독에 빠졌다. 얼마나 민망하고 창피한 이야기인가? 그러나 그는 그 사실을 회피하지 않고 자기 아내에게 눈물로 고백하며 도와달라고 요청했다. 그는 사랑하는 아내와 함께 그 문제를 가지고 하나님 앞에 나와 회개하며 직면했고, 그 결과 포르노 중독에서 자유함을 얻었다. 회피하지 않고 직면한 결과 얻은 아름다운 결실이 아닌가? 만약에 그 성도가 포르노 중독에 빠진 현실을 회개함으로 치료 받으려 하지 않고 더 선하고 착한 행실을 행함으로 그 죄책감을 면하려 했다면 결코 그 문제가 해결될 수 없었을 것이다.

당시 유대인들이 가진 문제점이 바로 이것이었다. 그들은 하나님과의 관계 회복을 위해 회개의 자리로 나아가는 대신에 자신들의 선한 행위를 더욱 강조하는 엉뚱한 대안을 마련했다. 그리고 그것 때문에 그들은 무서운 하나님의 책망을 피할 수 없게 된 것이다.

당신은 지금 무슨 일로 마음이 힘든가? 어떤 일로 죄책감에 빠져 있는가? 무슨 일을 해결하지 못하고 숨기고 있는가? 직면해야 한다. 하나님 앞에 가지고 나아가야 한다.

감추면 더 큰 두려움과 고통이 찾아온다

문제를 드러내어 하나님 앞에 직면하고 회개하는 것은 창으로 옆구리를 찔리는 것 같은 큰 고통이지만, 그럼에도 불구하고 직면해야 한다. 왜냐하면 적당히 덮어둘 때, 더 큰 두려움과 고통이 찾아오기 때문이다.

다윗을 보라. 그는 일시적인 충동을 못 이겨 남편이 있는 여인을, 그것도 자신의 충성스러운 신하의 아내를 범하여 임신을 시켰다.

그리고 이 사실을 은폐하고자 그 남편을 죽여버렸다. 그런 짓을 저지르고도 다윗은 직면하지 않았다. 1년 넘게 그 죄를 은폐하였다.

그가 왕인데 감히 누가 그 문제를 제기할 수 있었겠는가? 1년이 넘도록 아무도 이에 대해 문제를 제기하지 못했다. 겉보기에는 다 해결된 것 같았다. 들키지도 않았고 창피를 당하지도 않았고 잘 숨긴 것 같다. 하지만 다윗 자신의 고백을 들어보라.

> 내가 입을 열지 아니할 때에 종일 신음하므로 내 뼈가 쇠하였도다
> 시 32:3

들키지 않는 것이 대수가 아니다. 안 들키면 뼈가 쇠한다. 가슴이 아픈 것은 오늘날 너무나 많은 사람이 다윗처럼 입을 열어 토설치 않음으로 '종일 신음하므로 뼈가 쇠하는' 아픔을 겪고 있다는 것이다.

언젠가 설교 시간에 성경 구절 하나를 잘못 인용한 것을 며칠 지나서 깨달은 적이 있다. 문제는 그것이 성경 해석에 오류를 가져다 준 것이었다. 당황스러웠다. 그런데 그 사실을 고백하는 것조차 용기가 필요했다.

'그냥 모르는 척 넘어가면 아무도 신경 안 쓸 텐데, 새삼 끄집어 낼 필요가 있을까?'

그러나 나는 안다. 내가 이 문제를 직면하지 않고 "이건 이렇게도

해석할 수 있어요"라고 얼렁뚱땅 변명하고 넘어가면 문제가 더 심각해질 수 있다는 것을. 그래서 그다음 주일에 용기 내어 고백했다.

"제가 지난주에 말씀을 잘못 인용했습니다."

조금은 쑥스럽고 민망했지만, 고백하고 나자 모든 것이 쉽게 정리되었다. 다행히도 그 일이 있은 후에 성도들 중에 '이찬수 목사가 저렇게 실력 없는 목사였어? 교회 옮겨야겠다'라고 하는 분은 한 명도 없었다.

문제를 직면하고 드러내는 것이 부끄럽고 민망하다 할지라도, 그것을 은폐할 때 더 큰 고통과 두려움이 찾아온다는 것을 기억해야 한다. 힘들더라도 하나님 앞에 우리의 문제를 가지고 나아가 직면해야 한다. 하나님께서 바로 이것을 원하고 계신다. 하나님 앞에 정직하게 벌거벗은 영혼을 가지고 '주님, 내 현실이 이렇습니다'라며 나아가는 것 말이다.

하나님께서는 로마서 2장의 사람들에게 마찬가지로 이것을 원하고 계신다. 그래서 로마서 3장에 보면 이런 말씀이 있다.

> 모든 사람이 죄를 범하였으매 하나님의 영광에 이르지 못하더니 그리스도 예수 안에 있는 속량으로 말미암아 하나님의 은혜로 값없이 의롭다 하심을 얻은 자 되었느니라 롬 3:23,24

바울은 지금 "로마서 1장에 나오는 인생 파탄자나 로마서 2장에 나오는 회개하지 않는 유대인들이나 너 나 할 것 없이 모두 다 복음이 필요한 인생이다. 십자가 없이는 자력으로 구원 받을 수 없는 인생이다"라고 호소하고 있는 것이다. 예수 그리스도의 십자가와 복음이 우리로 하여금 하나님 앞에 직면하게 만드는 도구이고, 그 복음이야말로 로마서 1장에 나오는 하나님의 진노를 잠재우는 능력이란 것이다. 오늘 우리에게도 이 복음의 능력이 필요하다.

당신의 시선은 어디에 있는가?

오래전에 읽었던 책 중에 《나는 예수를 버렸다, 그리고…》라는 책이 있다. 제목이 참 독특한 책이다. 그 책이 불쑥 떠올라 오랜만에 다시 펴들고 한참을 보다가 한 대목에서 내 마음이 무너졌다. 베드로가 예수님을 처음 만나는 장면을 다루는 내용이다.

베드로가 예수님을 만났던 그때, 그는 취미 삼아 밤낚시를 다녀온 것이 아니었다. 고기를 잡아야 가정 살림도 꾸리고, 생계를 연명할 수 있었다. 그런데 고기를 한 마리도 못 잡았다. 주님을 만날 당시 베드로는 빈 배, 즉 실패자였다. 그런 그에게 주님이 뭐라고 말씀하시는가?

"깊은 데로 가서 그물을 내려 고기를 잡으라"(눅 5:4).

주님의 말씀을 듣고 베드로는 이렇게 대답했다.

"선생님 우리들이 밤이 새도록 수고하였으되 잡은 것이 없지마는 말씀에 의지하여 내가 그물을 내리리이다"(눅 5:5).

그랬더니 어떻게 되었는가?

그렇게 하니 고기를 잡은 것이 심히 많아 그물이 찢어지는지라
눅 5:6

놀라운 일이 일어난 것이다. 밤새 헛수고로 낙심해 있던 그가 주님을 만나고 나서 만선의 기쁨을 누리게 되었다.
그렇다면 베드로는 주님께 감사를 연발하면서 "내일도 부탁드립니다!"라고 주님의 바짓가랑이라도 잡고 늘어질 것 같은데, 그다음에 나오는 베드로의 반응이 너무 이상하다.

시몬 베드로가 이를 보고 예수의 무릎 아래에 엎드려 이르되 주여 나를 떠나소서 나는 죄인이로소이다 하니 눅 5:8

이 무슨 뜬금없는 이야기인가? 빈 배로, 허망하고 허무한 마음으로 주님을 만났다가 만선의 기쁨을 맛보게 되었는데, 그 상황에서 "주님만 따라다니겠습니다"가 아니라 "주님 나를 떠나소서. 나는 죄인입니다"라니! 이 책의 저자는 이 부분을 설명하면서 이렇게 피력하고 있었다. 일부분만 인용해보자.

베드로는 간절히 원했던 것을 얻었다. 밤새도록 찾아 헤매던 것을

드디어 찾았고 두 손 가득히 쥐었다. 그것도 '거저' 은혜로 얻었다. 그런 베드로가 자신을 가리켜 죄인이라고 고백한다. 자신은 불결하고 더러운 죄인이니 떠나달라고 간청한다. 예수님이 베드로의 구체적인 문제를 단번에 해결해주신 순간 베드로는 그의 시선을 돌려 한곳에 고정시켰다. 그가 시선을 돌린 곳은 고통을 안겨주었던 '빈 배'라는 삶의 문제가 아니라, 이제 만선이 된 풍요로운 삶이 아니라, 그저 '자기 자신'이었다.

그는 여태 그를 괴롭혔던 물고기로부터 자기 자신에게로 시선을 옮겼다. 대단하게 여겼지만 사실은 하찮은 물고기로부터, 그리고 하찮게 여겨 왔지만 사실은 너무나 소중한 자기 자신에게로 시선을 옮긴 것이다.

이 부분을 읽는데 마음이 먹먹해졌다. 지금 우리의 시선은 어디에 있는가? 텅 빈 배에만 시선이 머물러 있다가 어쩌다가 만선이 되면 또 만선이 된 그 배에만 시선이 머물고 있는 것은 아닌가? 텅 빈 배에 시선이 머물 때면 날마다 열등감과 우울과 불안에 시달리다가 어쩌다 만선을 만나면 금세 교만해져서 로마서 2장으로 넘어와서는 남을 무시하는, 빈 배와 만선 사이만 왔다 갔다 하는 신앙생활을 하고 있는 것은 아닌가?

베드로는 왜 자신의 빈 배를 만선으로 인도해주신 주님 앞에 자기를 떠나달라고 요청했는가? 왜 자기는 죄인이라고 고백했는가?

그의 시선이 빈 배로부터 자기 자신에게로 옮겨졌기 때문이다. 그렇게 창조주이신 하나님의 아들 예수 그리스도의 능력을 목도하고 그 시선을 자기 자신에게로 옮긴 베드로가 깨달은 것이 무엇인가?

'내 힘으로 안 되는구나. 내 윤리와 내 도덕성으로 되는 것이 아니구나. 오직 예수 그리스도의 복음, 그 복음의 능력으로만 내가 살아날 수 있겠구나! 내가 죄인이로소이다!'

오늘날 교회가 너무나 초라하고 미숙하기 짝이 없는 자리로 전락한 것은 그 시선이 진정한 자신을 향하지 못하고 빈 배와 만선 사이로만 왔다 갔다 하기 때문이다.

'주님, 저도 기도 많이 하는데 왜 저 사람만 만선을 주십니까? 저도 만선을 주세요!'

자기 빈 배를 바라보며 이렇게만 구하고 있기 때문이다. 주님은 우리가 빈 배와 만선에만 집중하는 것이 아니라, 은혜가 필요한 '나 자신'에게 집중하기 원하신다. 그리고 그런 나를 바라보시며 능력과 사랑으로 채우기 원하시는 주 예수 그리스도께로 우리의 시선을 옮겨야 한다.

하나님은 우리를 보신다

우리가 만선에 들떠서 우쭐할 때도 하나님의 시선은 그 결과에 머물러 있지 않으신다. 내가 아무리 그러지 않으려고 애를 쓰며 살아도 사실 내 안에 분당우리교회의 목사라는 사실이 얼마나 많은 자랑으로 자리잡고 있는지 모른다. 내 싸움은 주로 이와 관련된 싸움이다. 교회가 커지고 이름이 알려지면서 나도 모르게 로마서 2장으로 기어올라가 앉아 있는 것은 아닌지 늘 조심스럽다. 그러다가도 작은 실패나 아픈 일이 생기면 금방 자신의 빈 배를 보며 마음이 무너져버리는 것이 나 자신임을 너무 잘 안다. 이것이 부인할 수 없는 우리의 모습 아닌가?

이럴 때 기억해야 할 것이 있다. 하나님은 우리의 만선도, 우리의 빈 배도 보지 않으시고 우리를 보신다는 사실을.

다시 강조한다. 무슨 일로 그렇게 마음이 힘든가? 왜 그렇게 우울하고 잠을 이루지 못하는가? 혹시 지금 빈 배에만 초점을 두고 있는 것은 아닌가? 또 무엇을 했다고 그렇게 교만한가? 도대체 무엇을 얼마나 잘했다고 로마서 2장의 교만한 자리로 올라가 앉아 있는가?

우리가 시선을 두어야 할 곳은 빈 배도 아니고 만선도 아니다. 그저 하나님 앞에서 은혜가 필요한 나 자신에게 시선을 두어야 한다. 그래서 자격 없는 내가 주 예수 그리스도의 십자가로 구원 받은 그 은혜와 감격에 날마다 초점을 맞춰야 한다. 그리고 날마다 이렇게 고백해야 한다.

"주님, 내게는 복음이 필요합니다. 주님, 나는 십자가 없이는 살 수가 없습니다."

PART 2

하나님 기준에
내 삶 맞추기

로마서 2:6-16

하나님께서 각 사람에게 그 행한 대로 보응하시되 참고 선을 행하여 영광과 존귀와 썩지 아니함을 구하는 자에게는 영생으로 하시고 오직 당을 지어 진리를 따르지 아니하고 불의를 따르는 자에게는 진노와 분노로 하시리라 악을 행하는 각 사람의 영에는 환난과 곤고가 있으리니 먼저는 유대인에게요 그리고 헬라인에게며 선을 행하는 각 사람에게는 영광과 존귀와 평강이 있으리니 먼저는 유대인에게요 그리고 헬라인에게라 이는 하나님께서 외모로 사람을 취하지 아니하심이라 무릇 율법 없이 범죄한 자는 또한 율법 없이 망하고 무릇 율법이 있고 범죄한 자는 율법으로 말미암아 심판을 받으리라 하나님 앞에서는 율법을 듣는 자가 의인이 아니요 오직 율법을 행하는 자라야 의롭다 하심을 얻으리니 (율법 없는 이방인이 본성으로 율법의 일을 행할 때에는 이 사람은 율법이 없어도 자기가 자기에게 율법이 되나니 이런 이들은 그 양심이 증거가 되어 그 생각들이 서로 혹은 고발하며 혹은 변명하여 그 마음에 새긴 율법의 행위를 나타내느니라) 곧 나의 복음에 이른 바와 같이 하나님이 예수 그리스도로 말미암아 사람들의 은밀한 것을 심판하시는 그날이라

CHAPTER 4

인생의 종착지에서 벌어질 일

하나님의 심판 vs. 인간의 판단

본문은 하나님의 심판과 관련된 주제를 다루고 있다. 그래서 심판이란 단어도 많이 나오고, 흐름 전체가 하나님의 심판과 관련되어 있다. 이 흐름을 보면서 한 가지 흥미로웠던 것이 있다. 그것은 바울이 하나님의 심판을 설명하면서 하나님의 심판을 '미숙한 인간의 판단'과 비교하는 구도를 취하고 있다는 것이다. 무슨 말인지 한번 보자.

> 그러므로 남을 판단하는 사람아, 누구를 막론하고 네가 핑계하지 못할 것은 남을 판단하는 것으로 네가 너를 정죄함이니 판단하는 네가 같은 일을 행함이니라 **롬 2:1**

1절에서 지적하는 것이 무엇인가? 인간의 판단은 공정하지 못하고 미숙하다는 것 아닌가? 그리고는 2절에서 하나님의 심판이 언급되는데, 하나님의 심판의 어떤 요소가 강조되는지 보라.

> 이런 일을 행하는 자에게 하나님의 심판이 진리대로 되는 줄 우리가 아노라 롬 2:2

진리대로 행하지 않고 자기 생각과 선입견대로 판단하는 '인간의 판단'과 대조되는 개념이 진리대로 심판하는 '하나님의 심판'이라는 것이다. 3절도 마찬가지다.

> 이런 일을 행하는 자를 판단하고도 같은 일을 행하는 사람아, 네가 하나님의 심판을 피할 줄로 생각하느냐 롬 2:3

여기서도 인간의 미숙한 판단과 하나님의 심판을 대조하고 있다. 한글 성경에는 인간이 행하는 '판단'과 하나님이 행하시는 '심판'이란 단어로 각각 다르게 표현했지만, 헬라어 원어로 보면 '판단'과 '심판'에 같은 어원의 단어가 사용되었다. 그래서 영어 성경에서는 두 단어를 'judgment'(심판)라는 같은 단어로 표현하여 같은 무게감으로 사용하고 있는 것을 볼 수 있다.

이것이 무엇을 의미하는가? 바울은 하나님의 심판과 인간의 미숙한 판단을 같은 선상에 놓고 비교함으로써 하나님 심판의 온전함을 강하게 부각하고 있는 것이다. 그래서 이번 장에서는 불완전한 인간의 판단과는 다른 하나님 심판의 특징을 정리해보려고 한다.

심판의 공정성이 다르다

첫째, 하나님의 심판은 그 '공정성'이 다르다.

'내가 하면 로맨스, 남이 하면 불륜'이란 말이 있다. 인간의 판단이나 심판이 얼마나 공정하지 못하고 자기중심적인지를 말해주는 것 아닌가? 최근에 이런 글을 읽은 적이 있다.

남이 잘못을 지적하면 비판적인 것이고, 내가 잘못을 지적하면 예리한 것입니다. 남이 온순하면 나약한 것이고, 내가 온순한 건 우아한 것입니다. 남이 잘 차려 입으면 허영심이 많은 것이고, 내가 잘 차려 입으면 미적 감각이 뛰어난 것입니다. 남이 자기 생각을 말하면 성질이 나쁜 것이고, 내가 내 생각을 말하면 솔직한 것입니다. 남이 큰 위험을 감수하면 무모한 것이고, 내가 위험을 감수하면 용감한 것입니다.

인간은 이처럼 선입견을 가지고 판단하는 존재이다. 이런 선입견을 가지고 있는 인간이 어떻게 공정하게 판단할 수 있느냐 하는 것이다.

인간의 잘못된 선입견과 판단이 얼마나 위험한지는 역사 속에서 어렵지 않게 증명할 수 있다. 그 대표적인 예가 중세 유럽에서 일어난 '마녀사냥'이다.

교회가 종교재판으로 멀쩡한 사람을 마녀로 몰아 불에 태워 죽이는 천인공노할 짓을 저지른 것이 마녀사냥 아닌가? 어느 자료에 보니, 마녀사냥이 대규모로 일어난 독일에서는 약 3만 명 이상이 억울하게 목숨을 잃었다고 한다. 얼마나 어이없는 일인가? 15세기 백년전쟁 말기에 프랑스를 구한 영웅 잔 다르크도 종교재판에서 마녀로 낙인 찍혀 화형을 당해 죽은 것으로 알려져 있다. 이런 것이 인간의 판단이 가진 치명적인 결함이다.

안타까운 것은 '마녀사냥'이란 단어가 지금도 여전히 빈번하게 쓰이고 있다는 것이다. 선입견으로 가득한 인간의 미숙한 판단이 아직도 우리 주변에서 빈번하게 일어나고 있다는 것 아닌가?

억울한 일로 재판 중이던 한 성도를 만난 적이 있다. 그는 돈이 많은 사람은 유능한 변호사를 선임하여 유죄여도 무죄 판정을 받는 것을 보면서 힘없고 연약한 사람들은 이 세상을 살면서 얼마나 억울한 일을 많이 당할까 싶어서 마음이 아팠다고 한다. 억울한 일을 겪은 본인의 아픔이 녹아난 말 같아서 그 얘기를 듣는 나도 마음이 아팠다. 그날, 그 분과 이런 내용의 대화를 나누면서 인간의 판단은 얼마나 많은 결함을 가지고 있는지, 얼마나 불공정한지를 새삼 느끼게 되었다.

이것이 인간들이 행하는 판단과 재판의 불공정한 모습인데, 로마서 2장이 강조하는 것은 하나님의 심판은 다르다는 것이다. 본문에서 바울은 인간의 연약한 판단을 부각하면서, 이와 달리 하나님의 심판은 좌로나 우로나 치우치지 않는 공정한 판단으로 행하시는 심판이란 사실을 길게 피력하고 있다.

악을 행하는 각 사람의 영에는 환난과 곤고가 있으리니 먼저는 유대인에게요 그리고 헬라인에게며 선을 행하는 각 사람에게는 영광과 존귀와 평강이 있으리니 먼저는 유대인에게요 그리고 헬라인에게라 이는 하나님께서 외모로 사람을 취하지 아니하심이라 롬 2:9-11

하나님은 인간처럼 선입견을 가지고 미숙하게 판단하시는 분이 아니라 공정하게 심판하시는 분이란 것이다.
그리고 16절을 보면 공정하신 하나님 심판의 또 다른 특징을 발견할 수 있다.

곧 나의 복음에 이른 바와 같이 하나님이 예수 그리스도로 말미암아 사람들의 은밀한 것을 심판하시는 그날이라 롬 2:16

하나님의 심판은 '사람들의 은밀한 것'을 심판하시는 심판이란 것이다. 목회를 하면서 여러 사람을 대하다 보니 뼈저리게 느끼는 것이 있다. 인간은 눈에 보이는 것만 가지고 판단할 수밖에 없는 연약한 존재라는 사실이다. 속기도 많이 속고, 사기도 많이 당하는 이유가 여기에 있지 않은가? 보이스피싱에 속아 넘어간 사람들이 공통적으로 하는 말이 있다.

"어리석은 사람들만 당하는 줄 알았지 제가 당할 줄은 몰랐어요."

이렇게 눈에 보이는 것 말고는 볼 수 없다는 것이 우리 인생이 가지고 있는 연약함이다. 그러니 인간의 판단에 얼마나 많은 오류가 있겠는가?

그러나 하나님께서는 은밀한 것까지 다 보신다. 그래서 하나님의 심판이 은밀함까지 보시는 심판이란 것이다. 그래서 나는 하나님의 심판이 두렵다.

우리의 종착지는 예수 그리스도 앞이다

여기서 한 가지 짚고 넘어가야 할 것이 있다. 우리는 다 공정하신 하나님의 심판대 앞에 서게 된다는 점이다.

우리 삶의 종착지가 어디인가? 지하철을 탈 때 정신을 차리지 않으면 간혹 목적지와 반대 방향으로 가는 지하철에 올라탈 때가 있다. 내가 처음 미국으로 이민을 갔을 때 그런 일을 여러 번 겪었다. 또 서울에 다시 돌아왔을 때도 여러 번 그런 실수를 했다. 그래서 요즘도 지하철을 탈 때면 종착지와 방향을 꼭 확인한다.

우리 인생도 마찬가지다. 인생의 종착지를 정확하게 알고 있다면 과정의 혼란은 있을지언정 삶의 방향이 흔들리는 어려움은 없을 것이다. 그렇다면 다시 묻겠다. 당신은 우리 삶의 종착지가 어디인지 알고 있는가? 이 질문에 대한 답을 담고 있는 찬양이 있다.

주님 다시 오실 때까지 나는 이 길을 가리라
좁은 문 좁은 길 나의 십자가 지고
나의 가는 이 길 끝에서 나는 주님을 보리라
영광의 내 주님 나를 맞아주시리

우리 인생의 종착지는 '예수 그리스도'이시다. 어떤 과정의 삶을 살았든, 어떤 길을 걸어갔든 하나님의 자녀인 그리스도인이 걸어가는 인생의 마지막 종착지는 예수 그리스도 앞이다. 그리고 예수 그리스도를 마주하게 될 그때, 심판자 되시는 주님의 심판을 받게 된다는 것이다.

그렇다면 인생의 종착지를 알고 있는 우리는 어떻게 살아야 하는가? 그분은 공평하게 심판하시는 분이다. 또 그분은 우리의 은밀한 것까지 보시는 분이다. 내 인생의 마지막 날, 주님과 대면하고 직면하여 그분의 심판을 받게 된다면 우리는 누구를 의식하며 살아야겠는가?

목회를 하는 입장에서 사람만을 의식하며 목회하면 이상하게 변한다. 그래서 내가 거듭 되뇌고 되뇌면서 하나님 앞으로 나아가고자 애쓰는 말씀이 이것이다.

> 스스로 속이지 말라 하나님은 업신여김을 받지 아니하시나니 사람이 무엇으로 심든지 그대로 거두리라 갈 6:7

내 인생의 종착지가 예수 그리스도를 만나는 것이고 또 그 앞에서 그분의 심판을 겪게 된다면, 이 땅을 살아가는 동안 그분 앞에서 그분의 기준대로 내가 어떻게 살아야 하는지가 분명해진다. 우리가 다 이 원칙을 선명히 알게 되기를 바란다.

심판의 목적이 다르다

둘째, 하나님의 심판은 그 '목적'이 다르다.

로마서 2장에서 묘사되는 인간 판단의 특징은 무엇인가? 자기를 미화하고 높이기 위해 상대방을 깎아내리는 것이 인간 판단의 특징이다. 하지만 하나님의 심판은 그렇지 않다. 근본적으로 우리를 구원하시고 일으켜 세워주시고자 하는 사랑에 그 목적이 있다는 것이다.

이런 점에서 나는 2장 4절 말씀이 중요하다고 생각한다.

> 혹 네가 하나님의 인자하심이 너를 인도하여 회개하게 하심을 알지

못하여 그의 인자하심과 용납하심과 길이 참으심이 풍성함을 멸시하느냐 **롬 2:4**

우리를 멸하고 죽이고 파괴시키는 것이 하나님 심판의 목적이라면 무엇 때문에 길이 참으심으로 심판을 미루시겠는가? 바로 그 자리에서 처단해버리면 되는 일 아닌가? 하나님 심판의 목적은 그런 것이 아니다. 만약 하나님의 심판의 목적이 우리를 망하게 하고 멸하는 것이라면 나는 벌써 심판 받고 멸망당했을 것이다. 이십 대 철없던 시절, 잘 알지도 못하면서 하나님이 하시는 일에 승복하지 못하고 하나님께 분노하여 조롱했던 기억이 선명하다. 그때를 생각하면 부끄럽기 짝이 없지만 그 부끄러움 너머로 은혜에 대한 감격이 솟구치곤 한다. 그런 경험을 통해 나는 확실히 알게 되었다. 하나님께서 심판을 최대한 유보하시는 것은 하나님 심판의 목적 자체가 우리로 돌이켜 회개하도록 하시는 데 있다는 사실을 말이다.

주의 약속은 어떤 이들이 더디다고 생각하는 것같이 더딘 것이 아니라 오직 주께서는 너희를 대하여 오래 참으사 아무도 멸망하지 아니하고 다 회개하기에 이르기를 원하시느니라 **벧후 3:9**

한 영혼이라도 더 구원하시기 위해 심판을 유보하며 길이 참으시는 하나님의 사랑을 이해한다면 어떻게 해야 하는가? 회개하고 돌아서야 한다.

로마서 2장에서 유대인들이 왜 길이 참으시는 하나님의 인내하심을 멸시한다는 지적을 받고 있는가? 그들이 가지고 있다고 자부했던 도덕심, 윤리의식, 이만하면 율법을 잘 지키고 있다는 생각이 도리어 회개함으로 주님 앞에 나아가는 것을 방해했기 때문이다. 우리는 다 길이 참으시는 하나님의 성품을 인식하고 회개해야 한다.

또 다른 한편으로는 때를 얻든지 못 얻든지 복음을 전해야 한다. 세상 사람들이 회개하고 주님 앞으로 돌아올 수 있도록 하나님의 이 사랑의 마음을 전해야 한다. 이것이 길이 참으시는 하나님을 멸시하지 않는 태도이다.

심판의 기준이 다르다

셋째, 하나님의 심판은 그 '기준'이 다르다.

> 곧 나의 복음에 이른 바와 같이 하나님이 예수 그리스도로 말미암아 사람들의 은밀한 것을 심판하시는 그날이라 **롬 2:16**

여기 나오는 '예수 그리스도로 말미암아'로 표현되는 심판은 두 갈래로 설명할 수 있다. 하나는 종말에 예수 그리스도께서 재림하셔서 친히 심판을 주도하신다는 의미이다. 그런가 하면 또 다른 하나는 종말에 임할 심판의 기준이 예수 그리스도시라는 의미이다. 이것이 하나님의 심판이 인간의 판단과는 근본적으로 다른 이유이다.

> 그러므로 사람이 의롭다 하심을 얻는 것은 율법의 행위에 있지 않고 믿음으로 되는 줄 우리가 인정하노라 롬 3:28

> 그를 믿는 자는 심판을 받지 아니하는 것이요 믿지 아니하는 자는 하나님의 독생자의 이름을 믿지 아니하므로 벌써 심판을 받은 것이니라 요 3:18

이처럼 하나님의 심판의 기준은 우리의 행위가 아니라, 예수 그리스도를 향한 믿음이다. 예수 그리스도의 십자가를 통하여 하나님과의 관계 회복이 이루어졌는지의 여부가 심판의 기준이다.

예수님의 십자가, 무너진 기준의 회복

그러면 이런 질문이 가능하다. 하나님은 왜 그런 기준을 가지고 계시는가? 하나님은 왜 거룩한 행위가 아니라, 예수 그리스도의 십자가와 그것을 믿는 믿음으로 심판의 기준을 삼으시는가? 십자가는 하나님과의 관계 회복을 가져다주는 도구이고, 뿐만 아니라 무너진 인생의 가치 체계를 올바로 세우는 역할을 하기 때문이다. 나는 이것을 무너진 선악과의 회복이라는 개념으로 설명하고 싶다.

선악과가 왜 동산 중앙에 있어야 했는가? 먹으면 안 되는 것이라면 눈에 잘 띄지 않는 위치에 배치해주셨어야 하는 것 아닌가? 사실은 여기에 깊은 의미가 있다. 선악과가 동산 중앙에 자리잡고 있어야 했던 이유가 있다는 것이다.

아담과 하와는 동산 중앙에 있는 선악을 알게 하는 나무를 바라보며 하나님의 하나님 되심을 늘 인식하고, 동시에 피조물 된 자신을 자리매김했어야 했다. 하나님께서 자신들에게 동산의 모든 것을 취할 권한을 주셨고, 그래서 동산의 모든 것들을 다 누리는 권한이 있었지만, 그러나 그것이 곧 자신들이 창조주 됨을 말하는 것이 아님을 늘 인식했어야 한다. 주인이 따로 계심을 마음에 깊이 새겨야 했다는 말이다. 이것을 인식하며 살아가도록 만든 도구가 바로 선악과이다.

그렇기에 아담과 하와가 선악과를 따 먹은 사건은 하나님이 아끼시는 과일을 몰래 먹고 혼나는 이야기가 아니라, 근본적으로 하나님과의 관계를 파괴시키고 하나님이 세우신 기준을 허문 악한 행위이다.

'내 인생의 주인은 나야. 그러니 당신은 필요 없어. 나 스스로 내 인생을 영위해나갈 거야. 그러니 이제 더 이상 선악과 같은 것은 필요 없어.'

바로 이렇게 선언한 사건이란 것이다. 사탄이 하와를 유혹하면서 했던 말들을 분석해보면 이 설명의 의미가 더 선명해질 것이다.

뱀이 여자에게 이르되 너희가 결코 죽지 아니하리라 너희가 그것을 먹는 날에는 너희 눈이 밝아져 하나님과 같이 되어 선악을 알 줄 하나님이 아심이니라 창 3:4,5

예수 그리스도의 십자가의 의미도 이런 각도로 살펴볼 수 있다. 즉, 십자가는 인간이 무너뜨리고 파괴시킨 하나님과의 관계를 다시 회복하고 복구시키는 도구라고 설명할 수 있다. 하나님 없이도 잘 살 수 있다고, 나는 도덕심과 윤리의식이 강하기 때문에 하나님 없이도 내 인생을 잘 영위할 수 있다고 하는 그 교만한 생각을 내려놓고 하나님을 의지하는 인생으로 변화시키는 도구가 바로 십자가라는 것이다.

그렇기 때문에 예수 그리스도를 향한 믿음을 회복한다는 것은 깨어진 하나님과의 관계를 다시 회복하고, 내 삶에 무너진 하나님의 기준을 다시 세우는 것이다. 유대인들이 실패한 것이 바로 이것이다.

그래서 에베소서 5,6장을 보면 21절의 예수 그리스도를 경외함으로 인한 큰 기준이 회복된 후에 그것이 부부관계, 부모와 자녀 관계, 직장에서의 여러 대인관계로 확장되는 것을 볼 수 있다.

그리스도를 경외함으로 피차 복종하라 엡 5:21

그렇다면 이제 대답해보자. 우리를 향한 하나님의 심판 기준이 왜 예수 그리스도인가? 십자가로 말미암아 깨어진 하나님과의 관계가 회복되었기 때문이고, 더 중요한 것은 그로 인해 내 인생의 중심이 세워졌기에 예수 그리스도를 절대적으로 의지하는 마음과 태도가 하나님 앞에서 '선'(善)이라는 것이다.

> 믿음의 주요 또 온전하게 하시는 이인 예수를 바라보자 히 12:2

이 고백은 선악과가 복구된 인생, 예수 그리스도가 자기 삶의 기준으로 세워진 사람이 할 수 있는 고백이다. 그리고 오직 예수님만을 내 삶의 중심에 세우고 이 고백을 삶으로 올려드리는 것이 신앙생활이다.

무엇으로 힘을 얻는가?

언젠가 월요일에 쉬면서 아내와 함께 'TV 동물농장'이라는 프로그램을 보았다. 보면서 나도 모르게 울컥울컥 눈물이 나서 혼났다. 폐지를 주워 생활하던 한 남자와 그가 기르던 강아지 똘이의 이야기였다.

그 남자는 연로하신 어머니를 모시고 살았는데, 얼마 전에 치매를 앓던 할머니가 돌아가시고, 설상가상으로 불행이 연이어 닥쳤다. 집에 화재가 나서 집이 폭삭 내려앉았다. 주인은 2도 화상을 입고 병원으로 실려 갔고, 소방관이 불을 끄려고 와보니 강아지 한 마리가 체인에 묶여 있었다고 한다. 이미 몸 군데군데 화상을 입고 두려워하던 강아지를 소방관이 서둘러 풀어주었다.

그런데 그 후로 며칠이 지나도록 강아지는 현장을 떠나지 못하고 그 근처를 배회하며 주인을 찾아다니고 있었다. 길 한편에 웅크리고 있다가 주인 같은 남자가 오면 귀를 쫑긋 세우고 쳐다본다. 그러다 틈틈이 다 타버린 집으로 돌아와 무엇인가를 찾는 것처럼 이곳저곳 헤매며 주인의 흔적을 찾아 냄새를 맡다가 너무나 구슬프게 우는 것이 아닌가? 나는 개가 짖는 소리는 들어봤어도 개가 우는 소리는 처음 들었다.

상처를 입은 채 거리를 배회하는 강아지를 그대로 둘 수 없어서 방송국 관계자가 구조하여 화상 치료를 받게 해주었다. 그런데 그 과정을 지켜보는 입장에서 마음이 아팠던 것은, 몸의 상처는 치료만 잘 받으면 쉽게 회복되겠지만, 상처 받은 강아지의 마음의 상처는 치료가 잘 이루어지지 않는다는 것이다. 마음의 상처가 커서 밥도 먹지 않고 도움의 손길을 외면하고 있는 강아지의 모습에 마음이 아팠다. 그 강아지를 도와줄 수 있는 사람은 아저씨뿐이었지만, 그 역시 화상 치료 중이라 외부 출입이 불가능한 상황이었다. 그래서 제작진은 똘이라는 이름을 가진 그 강아지에게 주인의 채취를 맡게 해주려고 주인이 쓰던 지갑과 모자를 가져다주고, 주인의 모습을 노트북에 담아 보여주었다. 그러고는 주인의 목소리를 들려주었다.

"똘이야, 이리 와 밥 먹자. 그렇지, 똘이야 밥 먹어. 이따가 저기 바람 쐬러 가자."

이 정도의 간단한 음성이 담긴 영상이었다. 이런 정도로 깊은 상처를 입은 강아지의 마음이 풀릴까 싶었지만, 주인의 목소리가 들리는 순간 기적이 일어났다. 실의에 빠져 축 처져 있던 강아지가 일어나 밥을 먹는 것이 아닌가! 눈으로 보면서도 달라진 강아지의 태도가 믿겨지지 않았다. 어떻게 영상으로 나오는 주인의 말 한 마디에 그렇게 금방 회복될 수 있단 말인가? 그 장면을 보는데 그렇게 눈물이 났다.

다음 날 새벽, 말씀을 묵상하는데 갑자기 그 강아지의 모습이 스쳐지나가면서 눈물이 왈칵 쏟아졌다.

'저것이 내 모습이구나. 저것이 내 모습이어야 하는구나.'

내 삶의 중심, 나를 위로하는 분

그 즈음, 교회의 이런저런 문제 때문에 머리가 복잡하고 마음이 무너진 일이 있었다. 그런 와중에 지하철역까지 데려다 달라는 딸과 함께 차를 타고 가는데, 내 표정을 살피던 딸이 물었다.

"아빠, 화나셨어요?"

"아니."

"그런데 왜 이렇게 얼굴이 어두우세요?"

이 질문에 무심코 이렇게 대답했다.

"사는 게 무거워서 그렇다."
"지금까지 이런 표정 안 보여주셨잖아요."
"너희들이 걱정할까봐 감추고 있었지."
그러자 딸아이가 한 번 더 물었다.
"그러면 아빠는 마음이 힘들 때 누구에게 기대세요?"
"없다."

그렇지 않아도 머릿속이 복잡한데 계속 말을 거는 것이 귀찮아서 "없다"라고 짧게 대답했다. 내 마음의 감정을 그렇게 짧은 한 마디로 표현했는데 무서운 일이 일어났다. 평소 나는 자기연민에 빠지는 것을 극도로 싫어하기 때문에 그런 감정을 느껴본 적이 거의 없는데, 말의 권세가 얼마나 무서운지, 딸에게 그 말을 내뱉자마자 자기연민에 빠져 그날 오전 내내 힘들었다.

'나는 누구에게 기대지? 나는 누구를 의지하지? 사람들은 온통 나에게 기대기만 하는데 나는 누구에게 기대지?'

이런 생각이 밀려들었다. 이것은 사실이었다. 집에 가면 네 식구가 나에게 기대고, 교회 가면 수많은 상담 요청이 쌓여 있고, 다른 부교역자들은 힘들면 나에게 와서 밥도 사달라고 하고 영화도 보여달라면서 기대고 의지하는데, 나는 정작 문제가 생기면 기댈 사람이 없었다. 이런 생각이 들자 자기연민이 밀려온 것이다.

그런 상황에서 하나님께서 동물농장이라는 프로를 통해 답을 주셨다. 묵상하는 가운데, 주인의 목소리 하나로 힘을 내던 강아지의 모습이 떠올라 눈물이 났다. 그 새벽에 내 머릿속에서는 두 장면이 오버랩 되었다. "아빠는 힘들 때 누구에게 기대세요?"라는 질문에 "없다"라고 대답하던 내 모습과 "똘이야, 이리 와 밥 먹자" 하는 주인의 말 한 마디에 힘을 얻어 밥그릇을 뚝딱 비우던 강아지의 모습이 오버랩 되면서 '이것이구나. 그 강아지의 삶이 내 삶이 되어야 하는구나'라는 깨달음과 함께 그렇게 눈물이 쏟아진 것이다.

내 인생의 종착지가 예수 그리스도 앞이라는 것을 안다면, 그분 앞에서 내 삶을 드러낼 날이 곧 온다면, 그리고 그것을 믿는 믿음이 우리에게 있다면 주님이 주시는 위로와 격려의 말씀을 통해 우리가 힘을 얻어야 하는 것 아닌가? 내 마음이 이것을 깨닫자 자기연민에 빠져 허우적대던 데서 일어나 힘을 얻을 수 있었다.

그 무렵 희한한 일이 하나 더 있었다. 모르는 사람에게서 꽃게가 배달이 온 것이다. 발신인을 확인해보니 잘 알지 못하는 어느 시골 교회의 목사님이 보내신 것이었다. "어떻게 잘 모르는 저에게 꽃게를 보내셨습니까?" 묻자 그 목사님의 대답도 참 희한했다.

"저도 잘 모르겠습니다. 기도하는 중에 하나님께서 목사님께 꽃게를 보내주라는 마음을 주셨습니다."

나는 신비주의자가 아니기에 그런 일에 큰 의미를 두지는 않는다. 하지만 하나님의 위로하심에 대한 작은 증표로 받아져 큰 힘이 되었다. 지난 내 삶을 돌아보면 하나님께서는 늘 이런 식으로 일하셨다. 마음이 무너져 있을 때면 TV 프로그램을 통해서, 책을 통해서, 또 잘 알지 못하는 어느 목사님을 통해서 위로해주신다. 또 강아지의 주인이 강아지에게 그 음성을 들려주기 원했던 것처럼 우리 주님은 성경을 통해, 주의 종의 입으로 선포되는 말씀을 통해 우리에게 위로해주기를 원하신다.

나를 온전케 하시는 예수 그리스도를 바라보자

로마서 2장은 내 힘으로 내 인생을 영위해나갈 수 있다고 생각하는 유대인들에게 던지는 하나님의 경고의 말씀이다. 뿐만 아니라 또한 우리에게도 로마서 2장에서의 유대인들의 잘못된 태도를 반면교사로 삼기를 원하시는 하나님의 마음이 담겨 있다. 어떤 경우에라도 자신의 의와 율법과 공로의식 같은 것들 때문에 예수님을 바라보는 일에 실패하면 안 된다.

뿐만 아니라 공평하게 일하시는 하나님을 기억해야 한다. 인간의 교만과 편협함이 내포되어 있는 인간의 판단과는 전혀 다른 공정하신 하나님을 기억해야 한다.

우리 인생의 종착지는 예수 그리스도 앞이다. 그 사실을 기억하여 주님을 마음의 중심에 두고 그분의 음성에 힘을 얻는 삶을 살기를 바란다. 그분의 손을 붙잡고 우리 인생의 종점에서 다시 오실 주님을 만날 그 꿈을 가지고 오늘을 살아가는 우리 모두가 되기를 축복한다.

로마서 2:17-24

유대인이라 불리는 네가 율법을 의지하며 하나님을 자랑하며 율법의 교훈을 받아 하나님의 뜻을 알고 지극히 선한 것을 분간하며 맹인의 길을 인도하는 자요 어둠에 있는 자의 빛이요 율법에 있는 지식과 진리의 모본을 가진 자로서 어리석은 자의 교사요 어린아이의 선생이라고 스스로 믿으니 그러면 다른 사람을 가르치는 네가 네 자신은 가르치지 아니하느냐 도둑질하지 말라 선포하는 네가 도둑질하느냐 간음하지 말라 말하는 네가 간음하느냐 우상을 가증히 여기는 네가 신전 물건을 도둑질하느냐 율법을 자랑하는 네가 율법을 범함으로 하나님을 욕되게 하느냐 기록된 바와 같이 하나님의 이름이 너희 때문에 이방인 중에서 모독을 받는도다

CHAPTER 5
아는 것으로 충분하지 않다

빛과 그림자

쉬는 날이면 나는 등산이나 산책하는 것을 좋아한다. 조용히 걸으면서 평소 마음에 품고 있던 것을 묵상하거나 아니면 다음 주일에 설교할 내용들을 떠올리곤 한다. 특히 그럴 때면 자주 되뇌며 혼자 내뱉는 말이 있는데, 그중 하나가 이 문장이다.

"빛이 강하면 그림자도 강하다."

내가 이 말을 자주 독백하며 나 자신에게 선포하는 이유는, 사람들이 흔히 '이것이 내 강점이야'라고 생각하는 그것 때문에 망하는 것을 많이 봐왔기 때문이다. 빛이 강한 만큼 그림자도 강하기 때문 아니겠는가? 그렇기 때문에 내가 가진 강점이 제대로 드러나려면 그 강점 안에 있는 그림자, 즉 약점 관리를 잘해야 한다.

로마서 2장에 나오는 유대인들의 모습을 보면서도 나는 이런 생각을 했다.

'빛이 강하면 그림자도 강한 법인데, 유대인들이 바로 이 그림자 관리를 잘 못해서 망한 케이스구나!'

이런 관점으로 로마서 2장 17,18절을 보자.

> 유대인이라 불리는 네가 율법을 의지하며 하나님을 자랑하며 율법의 교훈을 받아 하나님의 뜻을 알고 지극히 선한 것을 분간하며
> 롬 2:17,18

이 말씀 속에 담겨 있는 유대인들의 강점은 대단하다. 누가 자기 삶을 이처럼 당당하게 자랑할 수 있겠는가? 누가 뭐라고 해도 "율법을 의지하며 하나님을 자랑하며"로 시작되어 이어지는 내용은 유대인들의 장점임에 분명하다. 그리고 열거되는 내용 자체는 유대인들이 긍지로 삼기에 손색이 없다. 사실이다. 그리고 자기 삶에 대해 이런 긍지와 자부심을 갖는 것은 나쁘지 않다. 그런데 문제는 무엇인가? 그들은 스스로가 뿜어내는 이 강렬한 빛이 만들어내는 그림자가 있다는 사실을 간과한 것이다. 다시 말해 이런 강점을 가졌다는 긍지가 스스로를 하나님 앞에 회개하고 돌아서게 하는 데 방해가 된 것이다. 유대인들은 그들 스스로 강점이라고 생각했던 그 강력한 빛 안에 그만큼 강한 그림자가 있다는 사실을 몰라 방치한 탓에 결국 망하게 되었다.

그들의 긍지가 가져온 부작용을 살펴보자.

맹인의 길을 인도하는 자요 어둠에 있는 자의 빛이요 율법에 있는 지식과 진리의 모본을 가진 자로서 어리석은 자의 교사요 어린아이의 선생이라고 스스로 믿으니 롬 2:19,20

유대인들 스스로 자기 자신들에 대한 긍지를 얼마나 대단하게 표현하고 있는가? 좋은 것은 다 가져다 붙인 것 같다. '맹인의 길을 인도하는 자', '어둠에 있는 자의 빛', '어리석은 자의 교사', '어린아이의 선생' 등 유대인들은 스스로에 대해 이런 대단한 긍지를 가지고 살아가고 있었다.

하지만 빛이 강하면 그림자도 강하다는 사실을 여기서도 볼 수 있다. 이 말씀을 다른 각도로 다시 한번 보라. 자기들에 대해서는 온갖 좋은 것을 다 끌어다가 자화자찬했던 그들이 상대방에 대해서는 '맹인', '어둠에 있는 자', '어리석은 자', '어린아이'라고 하면서 폄하하고 무시하는 태도를 보인다. 남을 깎아내려도 이렇게 깎아내릴 수 있는가? 자기들은 대단한 존재이고 그 때문에 상대적으로 다른 사람에 대해서는 이런 식으로 비하하는 것이 그들이 가진 치명적인 그림자였던 것이다.

자긍심이 타인 비하의 자리로 흐르지 않게 하라

모든 부모가 다 그런 생각을 하겠지만, 나는 우리 아이들이 자기 아버지가 이찬수 목사인 것을 자랑스러워하기 바란다. 나의 잘못으로 인해 우리 아이들이 수치의 자리에 빠지는 것은 상상할 수 없다. 이 문제를 놓고 하나님께 기도한다. 하지만 나는 또한 우리 아이들의 자기 아버지에 대한 긍지가 다른 목사님들을 폄하하고 깎아내리는 것으로 나타나는 것은 결코 원하지 않는다.

같은 이치로 나는 분당우리교회 성도들이 교회에 대한 긍지와 자부심을 갖기를 바란다. 하지만 그런 긍지가 강할수록 그 속에 위험 요소도 내포되어 있다는 것을 알아야 한다. 간혹 자기 교회에 대한 긍지를 가지고 있는 성도들을 만날 때 이런 위험성을 느끼곤 한다. 자기 교회가 자랑스러우면 그것으로 끝내야 하는데, 꼭 한두 마디 더 붙인다.

"다른 교회는 우리 교회처럼 안 해서 문제예요."

이것이 강렬한 빛인 긍지에 따르는 그림자라는 것이다. 위험스러운 그림자이다.

언젠가 이런 우스운 이야기를 들었다. 어떤 교회에서 철야기도를 갔는데, 사실 하루 종일 회사 생활을 하고 집안일을 하다가 갔으니 밤새워 기도한다는 것이 얼마나 어려운 일인가? 철야기도까지 갈 때는 의욕을 가지고 갔지만, 새벽 한두 시쯤 되니 여기저기서 졸기 시작했다. 조금 더 시간이 지나자 다들 아예 대놓고 자고 있었다.

그런데 딱 한 사람, 평소 기도 훈련이 잘되어 있던 한 집사만 졸지 않고 뜨겁게 기도하고 있었다. 그 집사가 한참 기도하다가 문득 눈을 뜨고 주변을 돌아보니 다들 졸고 있는 것이 아닌가? 결정적으로 함께 간 장로님까지도 주무시고 계신 것 아닌가? 그런 모습을 보자니 한심한 생각이 들어 이런 기도를 드렸다고 한다.

'하나님, 우리 교회는 이것이 문제입니다. 기도 훈련이 얼마나 안 되어 있으면 하루도 깨어서 기도를 못 합니까? 장로가 졸고 있는 것을 좀 보세요. 제가 보기에도 이렇게 한심한데 하나님이 보시기에는 얼마나 답답하시겠습니까?'

그렇게 기도하는데, 하나님께서 이런 응답을 주시더란다.

'자꾸 그렇게 불평할 거면 너도 자라.'

아마도 설교의 이해를 돕기 위해 만들어낸 예화인 것 같은데, 이 이야기가 주는 메시지가 분명하지 않은가? 이것이 본문의 유대인을 보시는 하나님의 시각이란 것이다.

내가 왜 자꾸 "빛이 강하면 그림자도 강하다. 네가 생각하는 네 강점 때문에 망할 수 있다. 사람들이 너에 대해 칭찬하는 그것이 너에게 가장 위험한 거야"라고 독백하겠는가? 내 안에도 유대인들이 가졌던 미숙한 그림자가 있음을 알기 때문이다. 그래서 나 스스로에게 경고하는 것이다.

유대인들은 율법을 사랑하고 하나님을 자랑하는 아름다운 모습을 가졌지만, 그 강한 빛 안에 있던 그림자를 간과했기 때문에 회개하지 못했고 또한 다른 사람을 업신여기게 되었다. 그래서 하나님께서는 '네가 차라리 율법을 조금 못 지키더라도, 그렇기 때문에 오히려 하나님을 더 의지하고 다른 사람을 무시하지 않았더라면 더 좋았을 것인데'라고 하신다. 이것이 하나님의 시각이다. 오늘 우리의 모습은 어떤가?

로마서 2장에서 바울은 이렇게 유대인들의 문제점들을 지적하고 있는데, 그 문제점이 구체적으로 무엇이었는지를 살펴보자. 크게 두 가지로 정리된다.

실천 없는 삶

첫째, 바울이 지적하는 당시 유대인들의 문제점 중 그 첫 번째는 '실천 없는 삶'이다.

> 그러면 다른 사람을 가르치는 네가 네 자신은 가르치지 아니하느냐 도둑질하지 말라 선포하는 네가 도둑질하느냐 간음하지 말라 말하는 네가 간음하느냐 우상을 가증히 여기는 네가 신전 물건을 도둑질하느냐 롬 2:21,22

여기 보면 유대인들은 계속 남을 가르치는 일을 하고 있다. 남을 가르친다고 할 때 그 전제가 무엇인가? 자기는 알고 있다는 것 아닌가? 내가 안다고 생각하니까 가르치는 것이다. 이처럼 남들을 가르칠 만큼 많은 것을 알고 있던 그들이었지만, 그들에게는 결정적인 문제가 하나 있었다. 로마서 2장 13절을 보자.

> 하나님 앞에서는 율법을 듣는 자가 의인이 아니요 오직 율법을 행하는 자라야 의롭다 하심을 얻으리니 롬 2:13

여기서 보듯이 하나님의 기준은 명확하다. 그런데 하나님이 제시하시는 기준과 유대인들이 가진 모습의 간극이 느껴지는가? 유대인들은 율법을 듣고, 아는 것에 초점을 두었지 그것을 실천하지는 않았다. 이 모습이 오늘날 믿는 우리의 모습은 아니기를 간절히 바란다. 요즘은 그야말로 '설교 홍수' 시대이다. 설교가 넘쳐난다. 기독교 방송에도, 각 교회가 제공하는 인터넷 방송에서도, 유튜브에도 설교가 넘쳐난다.

나는 이런 현실이 감사하면서도 한편으로는 두려움을 느낀다. 왜냐하면 심판의 기준은 설교를 많이 듣는 것이 아니기 때문이다. 설교 한 편을 듣더라도, 내가 들은 그 말씀을 지키려고 노력하는 태도를 하나님은 기뻐하신다. 이것이 하나님의 기준이다. 들은 말씀대로 살아내려고 몸부림치는 것을 기뻐하신다는 사실을 잊어서는 안 된다.

설교자의 괴로움

사실 설교하는 것이 참 어렵다. 설교를 준비할 때는 준비하느라 힘들다. 주일이면 잠은 자는 둥 마는 둥 하고 이른 새벽에 일어나 설교 원고를 다시 정리하고 또 정리한다. 예배 사이사이에도 원고를 몇 번이나 찢어가면서 다시 정리하느라 여념이 없다. 아무리 여러 번 수정해도 '성도들이 일주일 내내 세상에서 고생하다가 교회에 올 텐데, 좀 더 좋은 설교로 그들의 지친 마음을 다독이고 하나님의 말씀으로 새 힘을 불어넣어주어야 할 텐데' 하는 마음에 내가 준비한 설교가 영 성에 차지 않기 때문이다.

예전에 옥한흠 목사님이 농담 반 진담 반으로 이런 말씀을 하신 적이 있다.

"목회가 말이야, 설교만 없다면 진짜 해볼 만한데!"

설교의 대가이신 옥 목사님이 그런 말씀을 하셔서 '옥 목사님도 설교는 어려우시구나' 하는 생각에 위로를 받았던 기억이 있다.

이처럼 설교를 준비하는 것도 어렵지만, 설교가 끝나도 힘들다. 주일 저녁부터 월요일 저녁까지 종종 나를 힘들게 하는 두통과 근육통 때문이다. 그리고 몸만 힘든 것이 아니라 마음도 힘들다. 특히 준비한 대로 말씀이 잘 전해지지 않은 날은 '왜 이렇게밖에 설교를 못 했을까? 나는 왜 이것밖에 안 될까?' 하는 자괴감에 마음이 괴롭다. 반대로 설교가 잘 풀려서 생각지도 못했던 은혜가 풍성히 쏟아진 날은 기분 좋게 잠자리에 들 것 같지만, 그런 날은 그런 날

대로 생각이 많아진다.

'나는 내가 설교한 대로 살려고 애쓰고 있는가? 그저 말만 살아 있는 설교자는 아닌가?'

그러고 보면 이래도 힘들고 저래도 힘든 것이 설교자의 삶인 것 같다.

듣는 것만으로는 안 된다

내가 왜 이런 모습을 심각하게 생각하는가 하면, 주님이 이 문제를 심각하게 생각하시기 때문이다. 마태복음 7장 21절을 보라. 예수님이 주신 말씀이다.

> 나더러 주여 주여 하는 자마다 다 천국에 들어갈 것이 아니요 다만 하늘에 계신 내 아버지의 뜻대로 행하는 자라야 들어가리라 마 7:21

또 주님은 주옥같은 산상수훈을 마치시고 마지막 결론으로 이런 말씀을 하셨다.

> 그러므로 누구든지 나의 이 말을 듣고 행하는 자는 그 집을 반석 위에 지은 지혜로운 사람 같으리니 마 7:24

듣는 것만으로는 '그 집을 반석 위에 지은 지혜로운 사람'이 될 수 없다. 듣고 행하는 자라야 한다. 이것이 우리 주님이 갖고 계시는 기준이다. 우리가 살펴보고 있는 로마서 2장 본문에도 이런 말씀이 있다.

> 율법을 자랑하는 네가 율법을 범함으로 하나님을 욕되게 하느냐
> 롬 2:23

율법을 자랑하고 선포한다고 하나님이 기뻐하시지 않는다. 적어도 내가 선포한 그 말씀을 스스로 지키려고 애써야 한다. 설령 선포한 대로 100퍼센트 다 지키진 못할지라도 그 말씀을 지키기 위해 애쓰고 노력은 해야 하지 않겠는가? 이것이 하나님이 원하시는 모습이다.

내가 지금까지 책을 몇 권 냈는데, 책을 내보니 다 자식같이 소중하다. 만들 때마다 쏟은 정성이 있기에 다 마음이 가는데, 그중에 유난히 애착이 가는 책이 한 권 있다. 《삶으로 증명하라》라는 책이다.

내가 그 책에 유독 특별한 애착을 갖는 이유는 사실 내 설교의 뿌리를 이 한 마디로 설명할 수 있기 때문이다.

'네가 주님을 믿느냐? 네가 주님을 사랑하느냐? 그럼 그것을 삶으로 증명해 보이거라!'

이 책의 제목 자체가 내 설교의 큰 틀이자 전제이다.

내가 이런 설교의 뼈대를 갖게 된 이유가 있다. 어린 시절, 어린 내 눈에 실망스러운 어른들이 많았다. 대표기도를 할 때는 온 세상 원수도 다 사랑할 것처럼 기도하셨던 교회 중직자들이 강단에서 내려와서는 너무나 사소한 일로 싸우고 서로 얼굴 붉히는 것을 보면서 어린 마음에 혼란이 왔다.

'방금 저분이 하셨던 기도는 뭐였지?'

또 이런 일도 있었다. 내가 삼십 대 때 당시 한국교회를 대표하는 목사 중 한 분으로 꼽힐 정도로 알려진 목사님이 계셨는데, 그 분을 가까이에서 섬기던 제자들이 그 목사님에게 실망하여 떠나는 일이 있었다고 한다. 그런데 떠나면서 이런 말들을 했다고 한다.

"저 목사님은 설교도 잘하시고 기도도 잘하시지만, 내가 곁에서 지켜보니 그것은 목사님의 신앙고백이 아니라 그 분의 문학이었다."

내가 간접적으로 이 이야기를 듣고 얼마나 충격을 받았는지, 20년이 지난 지금도 그때의 충격을 잊지 못한다.

만약 내가 하는 설교와 강의가 신앙고백이 아니라 문학이라면, 이 책이 신앙서적이 아니라 허구로 가득한 소설책이라면 얼마나 허무한 일인가? 그래서 삶으로 증명하라는 것이다.

오늘날 부모들이 실패하는 것도 이것 아닌가? 자녀들이 잘되기를 바라는 마음에 얼마나 멋진 교훈으로 가르치고 훈육하는가? 만약 자녀들에게 가르친 대로만 살아도 우리는 지금쯤 성자의 반열에

올랐을 것이다. 문제는, 아이들에게는 가르치는데 자기에게는 적용하지 않는다는 것이다. 유대인들 역시 바로 이 부분에서 실패한 것이다.

하나님 심판의 기준을 기억하라

이런 맥락에서 우리는 로마서 2장에서 주님이 제시하시는 하나님의 심판의 기준을 마음에 깊이 새겨야 한다.

> 하나님께서 각 사람에게 그 행한 대로 보응하시되 참고 선을 행하여 영광과 존귀와 썩지 아니함을 구하는 자에게는 영생으로 하시고 오직 당을 지어 진리를 따르지 아니하고 불의를 따르는 자에게는 진노와 분노로 하시리라 악을 행하는 각 사람의 영에는 환난과 곤고가 있으리니 먼저는 유대인에게요 그리고 헬라인에게며 선을 행하는 각 사람에게는 영광과 존귀와 평강이 있으리니 먼저는 유대인에게요 그리고 헬라인에게라 **롬 2:6-10**

하나님의 심판의 기준이 무엇인가? "그 행한 대로" 보응하신다고 한다. 나는 이 구절을 읽으면서 '내가 지금 야고보서를 읽고 있나?' 싶은 생각이 들었다. 이런 구도 자체가 잘못되었다.

흔히 야고보서는 행함이 없는 믿음은 죽은 것이라 하여 '행함'을 강조하고, 로마서는 '이신칭의', 다시 말해 오직 믿음으로만 구원 받는다고 하여 '믿음'을 강조한다고 하는데, 이렇게 이분법적으로 단언하여 구별하면 안 된다.

　행함을 강조하는 야고보서도 결론 부분에서는 기도를 강조한다. 결국 우리의 행함의 원천이 우리 의지에 있는 것이 아니라 하나님을 의지하고 구할 때 하나님의 은혜로 하나님에게서 나오는 것임을 강조하는 것이다. 로마서 역시 '이신칭의'만 강조한다고 생각하면 오해이다. 하나님은 실천 없는 말뿐인 신앙을 싫어하신다. 믿는 자로서 더욱 그 말씀대로 살 수 있도록 은혜를 구해야 하는 것이다. 나는 물론이고 모든 교회와 성도들이 성경은 많이 읽고 설교는 많이 듣지만 실천하지 않는, 행함 없이 말뿐인 삶을 살지 않기를 바란다.

방치된 위선

　둘째, 바울이 지적하는 당시 유대인들의 또 다른 문제점은 '방치된 위선'이다. 로마서 2장 21-23절을 다시 보자.

> 그러면 다른 사람을 가르치는 네가 네 자신은 가르치지 아니하느냐 도둑질하지 말라 선포하는 네가 도둑질하느냐 간음하지 말라 말하는 네가 간음하느냐 우상을 가증히 여기는 네가 신전 물건을 도둑질하느냐 율법을 자랑하는 네가 율법을 범함으로 하나님을 욕되게 하느냐 **롬 2:21-23**

이 말씀이 우리 귀에 익숙해서 그 심각성이 제대로 전달이 안 돼서 그렇지, 굉장히 심각한 이야기이다. 만약 내가 이런 삶을 산다면 어떻겠는가? 주일에 강단에서 설교하고, 저녁에는 가게를 돌아다니며 물건 훔치는 일을 즐겨 한다면, 또 설교 마치고 내연녀의 집으로 가서 "아, 설교하느라 힘들었다. 시원한 주스 한 잔 다오" 한다면 말이다. 상상도 못 할 일 아닌가?

지금 바울이 구체적인 사례를 들어서 지적하고 있는 유대인들의 문제점이 이런 위선적인 삶이다. 유대인들은 이런 삶에 너무나 익숙해져버려서 자기 거짓말에 스스로 속고 있었다. 요즘 심리학 용어로 말하면 '리플리 증후군'이라고 할 수 있을 것 같다.

예수님도 유대인들의 위선과 관련한 문제를 많이 지적하셨다. 마태복음 15장에서 예수님이 하신 말씀을 보자.

> 외식하는 자들아 이사야가 너희에 관하여 잘 예언하였도다 일렀으되 이 백성이 입술로는 나를 공경하되 마음은 내게서 멀도다 마 15:7,8

여기서 '외식하는 자들아'를 다른 말로 하면 '이 위선자들아'이다. 또 다른 곳을 보자.

> 이와 같이 너희도 겉으로는 사람에게 옳게 보이되 안으로는 외식과 불법이 가득하도다 마 23:28

여기 나오는 '외식'도 '위선'이란 뜻이다.

가면을 쓰고 사는 존재

'사람'을 뜻하는 영어 단어 'person'이 어디에서 유래된 단어인지 아는가? 'person'은 'persona'(페르소나)에서 파생된 단어인데, 재미있는 사실은 '페르소나'가 고대 그리스 로마 시대에 연극배우들이 연극 중에 사용하던 가면을 일컫는 말이라는 것이다. '사람'을 뜻하는 'person'이 가면을 뜻하는 'persona'에서 파생되었다는 것이 무엇을 의미하는가? '사람'은 본심을 숨기는 가면을 쓰고 사는 존재임을 말하는 것 아닌가?

유대인만 가면을 쓰는 위선자가 아니다. 죄성을 가진 인간은 누구도 이 문제에 대해 자신할 수 없다. 그렇기 때문에 우리는 늘 하나님 앞에 이 가면을 벗겨달라고 간구해야 한다. 이 가면은 내 의지로 벗겨지지 않는다. 사실 자기 본심은 이러하면서 말로는 저렇게 표현하는 것, 이것은 그리 쉽게 고쳐지는 것이 아니다.

그렇기 때문에 나는 흔히 '뒷담화'라고 하는 남 험담하는 것을 죄의 열매의 가장 뚜렷한 증거라고 생각한다. 앞에서는 칭찬하고 뒤에서는 비난하는 것, 이것이 가면 쓰고 하는 대표적인 행동 아닌가?

나 역시 마찬가지다. 항상 많은 성도 앞에 노출되어 있는 목회자로 살아가지만, 내게도 그동안 들키지 않은 가면들이 얼마나 많았겠는가? 예전에 내가 설교 중에 농담으로 이런 우스갯소리를 인용한 적이 있다.

"목사들이 지키는 11계명이 있다. 그것은 '들키지 말자'이다."

이런 농담에 어느 성도가 진지한 메일을 보내오기도 했다.

"목사님, 농담으로라도 그런 말씀은 말아주세요."

맞다. 11계명은 농담으로라도 지켜지면 안 된다. 들켜야 한다. 수치스러운 일을 하고 있다면 타의에 의해서라도 들켜야 한다. 그렇게라도 가면이 벗겨져야 더 깊은 수치의 자리로 들어가지 않을 수 있기 때문이다.

교회에서 열심히 예배드리고, 찬양대에서 봉사하면서 외도하는 사람들이 있다. 혹은 주일학교 교사로 아이들을 가르치거나 주차장에서 성실히 차량 봉사하면서 딴짓하는 사람들이 있다. 심지어 강단에서 온갖 좋은 말들로 설교하면서 뒤로는 온갖 추악한 짓을 하는 목회자도 있지 않은가? 너무나 슬픈 현실이다. 그럴듯한 가면으로 본모습을 감춘 채 살아가는 사람들의 그 가면이 벗겨져야 한다. 성령께서 그 가면을 벗겨주셔야 한다. 그래야 복음에 직면할 수 있기 때문이다.

가면 쓴 채 은혜 받을 수 없다

주중에 간혹 어려운 일을 겪고 있는 성도를 만나 상담할 때가 있다. 우리 교회 각 교구의 담당 교역자들이 워낙 성도들을 잘 돌보고 있기 때문에, 담임목사인 나한테까지 상담 요청이 왔다는 것은 그 사안이 굉장히 심각하고 시급한 일인 경우가 많다. 사안이 무겁다 보니 때로 심각한 문제를 가진 성도를 만나 긴 시간 상담하고 나면 탈진할 것처럼 힘들 때가 있다.

게다가 요즘에는 인터넷으로 설교를 듣는 분이 많다 보니 어디를 가도 상담을 부탁하는 일이 많다. 등산을 하다가, 공원 산책을 하다가 나를 만나는 분들은 이런 이야기를 한다.

"목사님, 목사님께 상담을 받고 싶었는데 이렇게 만나게 되다니, 이것은 정말 하나님의 뜻이에요!"

그러면서 산책을 하는 나의 발걸음에 보조를 맞추어 따라오면서 자신의 어려운 문제를 하소연하는 분도 있다. 그 분에게는 우연히 나와 마주친 일이 너무나 놀라운 우연이겠지만 나에게는 일상이다. 늘 누군가는 '우연히' 만나게 되어 있기 때문이다.

진짜 곤란한 경우는 공항이나 비행기 안에서 겪는 일이다. 비행기 옆자리에 다가오셔서는 "이렇게 목사님을 만나다니, 하나님의 뜻입니다!"라고 하면서 상담을 요청해오면 목적지에 도착할 때까지 꼼짝할 수가 없다. 때로는 이런 일상이 버겁고 힘들 때가 있다.

그러나 또 다른 한 편으로는 이것보다 더 보람 있는 일도 없다. 아이러니하게도 그렇게 힘든 일이면서도 나에게 가장 활력을 주는 일이 상담이다. 내가 뭐가 그리 대단하다고, 그렇게 진지한 문제에 대해 상담을 요청하는 것 자체가 감사한 일 아닌가? 그리고 간단한 답을 드렸는데도 회복이 일어나고 특히 가정이 회복되는 일을 경험하면 그것보다 보람 있는 일이 없다.

얼마 전에도 기쁜 일이 있었다. 어느 성도에게서 긴급한 상담 요청 메일이 왔는데, 아들이 지금 심각한 상황이니 급히 만나주셨으면 좋겠다는 내용이었다. 아들이 우울증으로 너무 힘들어하는 상황인데, 자살 충동을 느낄 만큼 심각했다. 급기야 '올해까지만 살고 연말에 자살해야지'라고 결심한 상황이었다.

그렇게 마음이 힘든 상태에서 우연히 어느 무당을 알게 되었는데, 그 무당과 이런저런 이야기를 하다가 살풀이굿을 해야 한다는 말에 아들이 지푸라기라도 잡는 심정으로 굿을 하기로 하고 거액의 계약금까지 선불로 주고 왔다는 것이다. 예수 믿는 부모 입장에서는 당연히 반대하지 않았겠는가? 그러자 아들은 "계속 이렇게 굿을 반대하면 연말에 죽으려던 것 그냥 지금 죽겠다"라고 했단다. 그러니 그 어머니 입장에서는 얼마나 다급한 일인가? 내 입장에서도 이런 상담 요청이 들어오면 초긴장 상태이다.

그래서 그날 오후 일정을 모두 뒤로 미루고 그 아들을 급히 만났다. 만나보니 얼굴이 참 선량해 보였다. 그 형제를 붙잡고 왜 굿을 하면 안 되는지 설명하면서 설득했다.

"대부분의 무당은 다 가짜이고 간혹 진짜가 있는데, 그 무당이 가짜라도 문제가 있고 진짜여도 문제다. 가짜 무당이면 큰돈을 날리는 것이니 억울한 일이고, 진짜라면 악신을 이용하여 너를 옭아매려는 것이니 더 큰 문제다. 그러니 굿을 절대로 하면 안 된다."

정말 신신당부를 했다. 보통 자기가 마음에 굳게 결심한 일을 옆에서 반대하면 귀찮아서라도 대충 "네, 네" 하면서 건성으로 대답하고 넘어갈 텐데, 심성이 반듯하고 정직했던 그 형제는 끝까지 대답을 하지 않았다. 그래서 설득하느라 진땀을 흘렸는데, 하나님의 은혜로 결국 한 시간 반을 설득한 끝에 굿을 하지 않겠다는 대답을 얻어냈다.

그는 그렇게 대답한 이후에는 철저하게 약속을 지켰다. 무당에게 주었던 돈을 환불받고, 의사 선생님을 찾아 진료도 받고, 처방받은 약도 잘 먹고 있다고 한다. 그 형제가 귀한 것이, 그는 가면을 쓰고 나를 대하지 않았다. 그런 형제의 모습을 보니, 내 마음에 이런 확신이 오면서 하나님께 감사했다.

'하나님께서는 가면 쓰지 않고 진실하게 사람을 대하는 이런 모습을 귀하게 보신다. 하나님께서 이 형제를 반드시 고쳐주신다.'

이 형제 외에도 가끔씩 떠오르는 사람이 있다. 그중에 마음의 우울함을 견디지 못하고 자살하려고 한강까지 찾아간 학생이 있다. 죽으러 한강으로 갔는데 강 아래 있던 경비정 때문에 실행에 옮기지 못했다. 그래서 나를 찾아왔다. 이후에 나와 만나 이런저런 대화를 나누며 상담한 적이 있는데, 그 학생 역시 너무나 진지하고 진실한 모습으로 나를 대했다. 그 학생은 지금 회복되어 학교 생활을 너무나 잘하고 있다. 가끔씩 잘 지내고 있다는 연락이 오는데, 마음이 얼마나 기쁜지 모른다.

이런 사람들이 왜 치유가 잘 되는지 아는가? 가면을 쓰고 다가오지 않아서 그렇다. 자기는 어떻게든 굿을 할 것이지만 목사가 자꾸 귀찮게 하니까 가면을 쓴 채 대충 "네, 안 할게요"라고 건성으로 대답해놓고 자기가 하고 싶은 대로 해서는 절대로 치유가 일어나지 않는다. 앞에서 언급했던 그 형제를 귀하게 보는 이유가 여기에 있다.

우리 모두 마찬가지다. 하나님 앞에서 가면을 벗어야 한다. 우리 안에 오래도록 방치된 위선, 누구에게도 들키지 않은 죄들, 하나님 앞에서 거리끼는 그 무엇을 가면으로 가린 채 그대로 둔다면 은혜란 없다. 가면을 벗고 직면해야 한다.

> 그러므로 아들이 너희를 자유롭게 하면 너희가 참으로 자유로우리라
> 요 8:36

이 간단한 진리의 말씀을 꼭 기억해야 한다. 당신은 무엇에 묶여 있는가? 그 묶인 것에서 벗어나고 싶은가? 자유를 누리고 싶은가? 가면을 벗어야 한다. 말씀을 읽고 들을 때마다, 로마서 2장에서 지적 받는 유대인들의 모습이 바로 나의 모습임을 시인해야 한다. 유대인들을 향한 사도 바울의 책망이 사실은 나를 향한 것임을 인정해야 한다.

'맞다! 나는 실천 없는 삶을 살았어. 입으로 떠들기만 하는 신앙

생활을 하고 있었어. 방치된 위선이 내 안에 있다. 너무 오래 가면을 쓰고 교회를 들락날락거리고 있었구나! 주님, 저를 용서하소서! 가면을 벗기 원합니다.', 이러한 회개가 일어나지 않고는 회복은 없다. 영적인 은혜는 없다.

하나님은 지금 우리에게 본문의 유대인들과 마찬가지로 '실천 없는 삶'과 '방치된 위선'에 노출되어 있는 것은 아닌지 돌아보기 원하신다. 돌아보고 회개하기를 원하신다. 우리는 아픈 마음으로 되물어야 한다.

"유대인이라 불리는 네가! 목사라고 하는 네가! 집사라고 하는 네가! 성도라고 하는 네가!"

우리의 가면을 벗기고 직면하게 하시는 하나님께서 지금 우리를 만나기를 원하신다. 그 주님 앞에 나아가 놀라운 은혜를 누리기를 바란다.

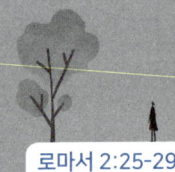

로마서 2:25-29

네가 율법을 행하면 할례가 유익하나 만일 율법을 범하면 네 할례는 무할례가 되느니라 그런즉 무할례자가 율법의 규례를 지키면 그 무할례를 할례와 같이 여길 것이 아니냐 또한 본래 무할례자가 율법을 온전히 지키면 율법 조문과 할례를 가지고 율법을 범하는 너를 정죄하지 아니하겠느냐 무릇 표면적 유대인이 유대인이 아니요 표면적 육신의 할례가 할례가 아니라 오직 이면적 유대인이 유대인이며 할례는 마음에 할지니 영에 있고 율법 조문에 있지 아니한 것이라 그 칭찬이 사람에게서가 아니요 다만 하나님에게서니라

CHAPTER 6

하나님은 마음을 원하신다

돈으로 살 수 없는 것

마이클 샌델 교수의 책 중에 《돈으로 살 수 없는 것들》이란 제목의 책이 있다. 책 제목에 저자가 말하고자 하는 모든 것이 다 담겨 있다. 저자는 그 책에서 독특한 중국 회사를 하나 소개하는데, '톈진 어팔라지 컴퍼니'(Tianjin Apology Company)라고 하는 회사이다. 우리말로 번역하면 '톈진 사과 회사'이다. 이름부터 재미있다. 이름 그대로 사과를 대신 해주는 '대리 사과 서비스' 회사이다.

사람이 살다 보면 의도치 않게 잘못을 저지를 때가 있고, 따라서 사과할 일이 생기게 마련이다. 그런데 사과를 하긴 해야겠는데 이런저런 껄끄러운 상황 때문에 사과하기 어렵다면 이 회사에 의뢰하는 것이다.

"저 대신 사과 좀 해주세요."

그러면 회사에서는 여러 분야의 전문가나 언변이 뛰어난 사람들을 직원으로 고용하여 의뢰인 대신 사과하게 한다.

그 책을 보면서 '아마 이 회사는 곧 망하지 않을까?'라는 생각을 했다. 아무리 언변이 뛰어난 직원이 가서 대신 사과한다고, 그것이 통할까?

돈으로 못 할 일이 없는 세상이라지만, 이 책의 제목 그대로 아직도 세상에는 돈으로 살 수 없는 것이 많다. 문득 예전에 인터넷에서 봤던 글이 하나 떠올랐다. '돈으로 살 수 없는 8가지'란 글이다.

1. 돈으로 집은 살 수 있지만, 가정은 살 수 없다.
2. 돈으로 침대는 살 수 있지만, 잠은 살 수 없다.
3. 돈으로 시계는 살 수 있지만, 시간은 살 수 없다.
4. 돈으로 책은 살 수 있지만, 지식은 살 수 없다.
5. 돈으로 지위는 살 수 있지만, 존경은 살 수 없다.
6. 돈으로 약은 살 수 있지만, 건강은 살 수 없다.
7. 돈으로 피는 살 수 있어도, 생명은 살 수 없다.
8. 돈으로 친구는 살 수 있어도, 친구의 사랑은 살 수 없다.

이것이 마이클 샌델 교수가 말하는 '돈으로 살 수 없는 것들' 아닌가? 이런 면으로 본다면 신앙생활도 마찬가지다. 돈으로는 절대 살 수 없는 것들을 추구하는 것이 바로 신앙 아닌가?

스스로의 신앙생활을 점검할 때 이 부분을 살펴봐야 한다. 만약 지금 우리가 구하고 기도하는 것이 온통 돈으로 살 수 있는 것, 물질적인 것들이라면 우리의 신앙생활이 그만큼 저급하다는 뜻이다. 반대로 우리의 신앙생활이 점차 돈으로는 추구할 수 없는 영역으로 확장되고 있다면, 그만큼 우리 신앙이 자라고 있다는 뜻이다.

네 마음을 다오

신앙생활이 돈으로 살 수 없는 본질적인 것을 추구하는 것인 만큼 우리 마음이 어떤 자세와 어떤 동기를 가지고 있느냐가 굉장히 중요하다. 그래서 나는 하나님이 우리에게 이것도 하지 말라, 저것도 하지 말라, 이것을 해라, 저것을 해라 하시면서 요구하는 것이 많으신데, 이 모든 것을 압축하고 압축하면 이것 하나로 요약할 수 있다고 생각한다. 바로 이것이다.

'네 마음을 다오!'

그렇다. 마음을 주고받는 것이 신앙생활이다. 새벽에 일어나 묵상할 때면 하나님의 이 마음이 너무나 절절하게 느껴질 때가 있다. 하나님께서 바로 내 마음에 대고 속삭이고 계신 것 같다.

'이 목사, 네 마음을 다오!'

돈으로 살 수 없는 것들을 소중히 여기고, 눈에 보이는 것보다는 눈에 보이지 않는 가치를 귀하게 여기다 보면 이런 하나님의 마음이 소중히 다가올 때가 있는 것이다. 하나님께서는 겉으로 보이는 어떤 것보다 우리의 마음을 원하신다.

  이것은 대인관계에서도 마찬가지 아닌가? 이런 점에서 때로 사람들에게 상처를 받을 때가 있다. 한번은 이런 일이 있었다. 내게 마음을 주던 아끼는 후배 목사가 있었는데, 그는 미국 유학 생활 중에도 늘 메일로 안부를 묻고 내 설교를 통해 힘을 얻는다면서 격려 메시지를 보내주고, 유학을 마친 후에도 여러 번 찾아와서 함께 마음을 나누는 시간을 가졌다.

  그런 그가 유학을 마치고 한국에 돌아와 사역지를 찾는데, 교회와 연결이 잘 안 됐다. 그래서 고민하다가 교회를 개척했다. 후원해주는 곳도, 함께해주는 동역자도 없었으니 완전히 맨 땅에 헤딩하는 결정이었다. 교회를 개척할 장소를 구하는 것도 힘들어 자기 집에다 개척을 했다. 그 과정에서 여러 번 나를 찾아와 기도를 부탁했기 때문에 나도 마음을 품고 기도하고 있었는데, 그 즈음 놀라운 일이 있었다.

  우리 교회의 권사님 한 분이 찾아와 꽤 큰돈을 맡기시면서 "목사님께서 이 돈을 꼭 필요한 곳에 써주세요"라고 부탁하셨다. 일단 그 돈을 사무장을 통해 교회 헌금으로 접수시켰는데, 문득 그 후배 목사가 떠올랐다. 그래서 권사님에게 그 후배 목사의 이야기를 전하며 주신 돈을 이렇게 사용해도 되겠는지 물었다. 권사님은 흔쾌히 좋다고 하셨고, 나는 기쁜 마음에 당장 그 후배 목사를 불러 헌금에 대해 설명하고 그 돈을 전달했다.

그 후배 목사의 입장에서는 얼마나 숨통이 트이는 요긴한 헌금이었겠는가? 그런데 그러고 나서 이해하기 힘든 일이 벌어졌다. 그 후로 그 후배 목사에게서 더 이상 연락이 없는 것이다. 그렇게 자주 찾아오더니 더 이상 전화도 없고, 메일도 없고, 발길도 딱 끊겼다. 간혹 소문으로 개척한 그 교회에서 목회를 잘 하고 있다는 이야기가 전해져오는 것이 전부였다.

워낙 성실하고 신실한 사람이었기에 머리로는 '그래, 교회를 개척했으니 바쁘겠지. 또 내가 워낙 바쁜 것을 아니 연락을 잘 못 하는 거겠지' 하며 이해하려고 애쓰는데, 마음으로는 도통 이해가 되지 않았다. 잊고 지내다가 한 번씩 그 생각이 나면 나도 모르게 마음이 복잡해졌다.

'아무리 그래도 그렇지, 메일 한 통 보낼 시간이 없을까? 처음부터 나라는 존재 자체를 귀하게 여긴 것이 아니라 큰 교회 목사이니 내 손에 들린 떡을 바라고 가까이 지냈던 것일까?'

물론 워낙 성실하고 신실한 목회자이기에 이것이 사실은 아닐 것이다. 그럼에도 서운한 마음에 자꾸 이런 생각이 들었던 것이 사실이다.

그 과정에서 정말 중요한 영적인 사실을 깨달았다. 혹시 이것이 '하나님 앞에서의 내 모습'은 아닐까 하는 생각이 들었기 때문이다. 바로 이 모습이 하나님 앞에서 우리의 태도 아닌가? 수능시험을 앞두고 있으면 득달같이 달려와 "하나님, 우리 아이 좋은 대학 보내주세요. 찍는 것마다 맞게 해주세요"라고 열심히 기도하다가 수능 딱 끝나면 그 후배 목사가 나에게 그랬던 것처럼 하나님께 발길 딱 끊고 연락도, 관심도 없는 것은 아닌가? 문제 생기면 새벽예배, 철야기도 나와서 "하나님, 도와주세요" 부르짖다가 그 문제 해결되면 언제 그랬냐는 듯 다시 하나님을 멀리하는 일상으로 되돌아가는 것이 우리의 모습 아닌가? 이런 우리의 모습에 하나님께서 서운한 마음을 갖고 계시는 것은 아닐까?

이런 우리에게 하나님은 지금도 말씀하신다.

'네 마음을 다오!'

꼭 기억하라. 우리가 추구해야 하는 것은 하나님의 손에 들린 떡이 아니다. 그저 떡 얻어먹는 것을 목표로 하는 신앙은 초라하다. 우리 신앙생활의 동기는 오직 하나님, 그분 자체여야 한다. 이 정신을 놓치는 순간 우리는 본질을 잃어버린 초라한 종교인으로 전락하는 것이다. 본문에서 살펴봐야 할 유대인들의 문제가 여기에 있는 것이다.

마음에 할례를 하라

본문인 로마서 2장 25-29절에서 바울이 할례 문제로 유대인들을 향해 지적하는 내용을 한 마디로 요약하자면 바로 이 문제이다.

무릇 표면적 유대인이 유대인이 아니요 표면적 육신의 할례가 할례가 아니니라 오직 이면적 유대인이 유대인이며 할례는 마음에 할지니 영에 있고 율법 조문에 있지 아니한 것이라 그 칭찬이 사람에게서가 아니요 다만 하나님에게서니라 롬 2:28,29

몸에 새긴 할례가 중요한 것이 아니라 그 마음의 동기가 중요하다는 것을 강조하는 말씀이다.
이 부분을 〈우리말 성경〉으로 보면 더 선명하게 하나님의 마음을 읽을 수 있다.

겉으로 유대 사람이라고 해서 참 유대사람이 아니고 몸에 받은 할례가 참 할례가 아닙니다 오히려 속사람이 유대사람이라야 참 유대사람이며 문자화된 율법에 의해서가 아니라 성령으로 마음에 받은 할례가 참 할례입니다 그 칭찬은 사람에게서가 아니라 하나님에게서 옵니다 여러분 여기 나오는 할례는 마음에 할지니 또 문자화된 율법에 의해서가 아니라 성령으로 마음에 받은 할례가 참 할례입니다

하나님께서 원하시는 것은 오직 마음으로 행한 할례, 즉 마음으로 드리는 행위란 것이다. 이것을 다른 말로 요약하자면 '네 마음을 다오!' 아닌가? 우리는 어떤가? 우리는 지금 우리의 마음을 하나님께 드리고 있는가?
이런 관점으로 본문을 보면, 유대인들에게 할례의 본래 의미가 얼

마나 퇴색되었는지 바울이 정확하게 지적하고 있음을 알 수 있다. 그 내용을 살펴보기에 앞서 할례의 유래를 먼저 살펴보자.

할례의 시작과 그 근본정신

할례의 유래는 창세기 17장에 기록되어 있는데, 거기에서 하나님은 아브라함과 언약을 맺으시며 두 가지 약속을 주신다. 하나가 이것이다.

> 보라 내 언약이 너와 함께 있으니 너는 여러 민족의 아버지가 될지라
> 창 17:4

또 하나는 이것이다.

> 내가 내 언약을 나와 너 및 네 대대 후손 사이에 세워서 영원한 언약을 삼고 너와 네 후손의 하나님이 되리라 창 17:7

하나님과 관계 맺음과 관련된 약속 아닌가? 하나님께서 이런 약속을 주시고 아브라함에게 요구하신 것이 바로 '할례'이다.

> 너희 중 남자는 다 할례를 받으라 이것이 나와 너희와 너희 후손 사이에 지킬 내 언약이니라 창 17:10

생각해보라. 이렇게 시작된 것이 할례이니, 하나님께서 할례라는 종교의식을 통해 원하시는 것이 무엇이겠는가? 이스라엘 백성이 할례를 통해 하나님과 관계를 맺은 것에 대한 감사와 감격을 늘 기억하기를 바라신 것 아닌가? 할례의 흔적을 보면서 '맞아. 자격 없는 내가 하나님의 자녀가 되었는데 주님의 거룩을 닮아가야지!' 하며 나아가야 하는데, 시간이 지나면서 유대인들이 이 정신을 잃어버린 것이다.

정신은 다 잃어버린 채 '할례'라고 하는 행위에만 집중하다 보니 얼마나 변질되었는지, 나중에는 할례 자체가 구원을 얻는 하나의 수단으로 전락하고 말았다. 마음은 없어도 할례만 받으면 저절로 구원 받는 줄 알고 "나는 할례 받았기 때문에 하나님의 백성이 되었다"라고 생각하게 된 것이다. 이것이 당시 할례를 대하는 유대인들의 모습이라는 것이다.

이런 맥락에서 할례 문제를 지적하는 본문을 중심으로 유대인들이 할례와 관련하여 범한 잘못이 무엇인지를 두 가지로 정리해보려고 한다.

할례를 혈통적 우월주의로 전락시킴

첫째로, 유대인들은 할례를 '혈통적 우월주의'로 전락시켜버렸다. 한번은 예수님께서 이런 말씀을 하셨다.

진리를 알지니 진리가 너희를 자유롭게 하리라 요 8:32

예수님이 이런 놀라운 말씀을 선포하니까 그 말씀을 들은 유대인들이 뭐라고 응수했는가?

우리가 아브라함의 자손이라 남의 종이 된 적이 없거늘 어찌하여 우리가 자유롭게 되리라 하느냐 요 8:33

유대인들의 이런 반응을 보면, 그들의 의식 속에는 선택 받은 민족이라는 혈통적 우월감과 교만이 깊이 자리잡고 있음을 알 수 있다. 이런 우월감과 교만이 온 마음을 뒤덮고 있으니, 어떻게 복음이 그 내면 깊숙하게 자리잡을 수 있겠는가?

마태복음 3장에서 세례 요한은 이런 혈통적 우월주의에 빠져 있는 유대인들을 무섭게 질책한다.

요한이 많은 바리새인들과 사두개인들이 세례 베푸는 데로 오는 것을 보고 이르되 독사의 자식들아 누가 너희를 가르쳐 임박한 진노를 피하라 하더냐 그러므로 회개에 합당한 열매를 맺고 속으로 아브라함이 우리 조상이라고 생각하지 말라 내가 너희에게 이르노니 하나님이 능히 이 돌들로도 아브라함의 자손이 되게 하시리라 마 3:7-9

"속으로 아브라함이 우리 조상이라고 생각하지 말라"라는 질책이나 "하나님이 능히 이 돌들로도 아브라함의 자손이 되게 하시리라"라는 선포 속에 담겨 있는 세례 요한의 분노가 느껴지지 않는가? 가슴 아픈 것은 오늘날 예수 믿는 자들 중에도 이런 종교적 우월주의에 빠져 있는 사람이 많다는 것이다. 특히 나 같은 목회자나 교회 중직자들에게서 이런 우월감을 가진 태도를 종종 발견하게 된다. 만약 세례 요한이 오늘날 교회의 현실을 봤다면 아마도 더욱 무섭게 질책했을 것이다.

이런 현실이기에 우리가 자각해야 할 것이 하나 있다. 하나님은 이런 태도를 가진 자들을 엄청 싫어하신다는 사실이다. 우리는 세례 요한의 꾸지람이 무서운 것이 아니라 하나님의 질책을 두려워해야 한다.

할례를 종교적 형식주의로 전락시킴

둘째로, 유대인들은 할례를 '종교적 형식주의'로 전락시키는 잘못을 범했다.

로마서 2장 28, 29절 말씀을 다시 보라.

무릇 표면적 유대인이 유대인이 아니요 표면적 육신의 할례가 할례가 아니니라 오직 이면적 유대인이 유대인이며 할례는 마음에 할지니 영에 있고 율법 조문에 있지 아니한 것이라 그 칭찬이 사람에게서가 아

니요 다만 하나님에게서니라 롬 2:28,29

여기 보면 '표면적 유대인'과 '이면적 유대인'이라는 표현을 대조하고 있는데, '이면적 유대인'이란 하나님을 사랑하고 하나님의 말씀에 순종하는 사람을 말한다. 그러면 '표면적 유대인'은 어떤 사람을 말하는지 짐작할 수 있지 않은가?

'표면적 할례'도 마찬가지다. '표면적 할례'란 그저 기계적으로 신체의 일부를 잘라내는 절차적인 할례를 가리킨다. 이에 반해 '이면적 할례'는 성령님에 의해 마음에 행해진 할례를 의미한다. 이것들이 무엇을 강조하기 위해 하는 말인가? 할례의 근본정신은 잃어버리고 할례의 형식만을 강조하는 그들의 잘못을 지적하는 말씀이다.

우리는 어떤가? 우리가 받는 물세례 역시 하나님 앞에 하나님의 자녀 된 자로서 나아가겠다는 결단의 마음으로 받는 것이지 물 뿌리는 행위 자체가 중요한 것이 아니다. 그래서 바울이 뭐라고 하는가?

"할례는 마음에 할지니!"

우리에게는 이 두 가지 증상이 없는지 살펴봐야 한다.

중요한 것은 '혈통적 우월주의'나 '종교적 형식주의'는 같은 뿌리에서 나온 두 갈래 줄기라고 할 수 있는데, 둘 다 본질과 뿌리를 잃어버린 데서 비롯된 껍데기에 불과한 모습이란 것이다.

두려운 것은, 의도하지 않았지만 시간이 지나면서 저절로 변질되기 쉬운 우리의 모습이다. 그러므로 우리는 자꾸 점검해야 한다. 나는 혈통적 우월주의나 종교적 형식주의에 빠져들고 있지 않은지를 자꾸 스스로 돌아보며 점검해야 한다.

예배, 온 마음으로 예배하는가?

이처럼 스스로를 되돌아보는 것이 중요한데, 그렇다면 무엇으로 우리의 모습을 점검해야 하는가?

혈통적 우월주의나 종교적 형식주의에 빠져 있는지 여부를 살펴보고 점검할 수 있는 항목이 많지만, 가장 먼저 점검해야 할 것은 예배이다. 우리가 매주 드리는 예배가 형식적인 행위로 흐르고 있다면 위험 신호가 온 것이다.

> 하나님은 영이시니 예배하는 자가 영과 진리로 예배할지니라
> 요 4:24

나는 이 말씀을 읽을 때면 떠오르는 장면이 있다. 예전에 비틀즈의 원년 멤버인 폴 매카트니의 내한공연이 서울 잠실 주경기장에서 있었는데, 그 공연 장면을 보고 '하나님이 기뻐하시는 예배가 이런 모습이구나!' 생각한 적이 있었다.

폴 매카트니의 내한공연이 있던 날, 잠실 주경기장에 4만 5천 명이 모였다고 한다. 그런데 공교롭게도 그날 폭우가 쏟아졌다는 것

이다. 실외 공연이니 관객 입장에서 폭우를 피할 방도가 없지 않은가? 우리 생각에는 폭우로 행사장이 아수라장이 되었을 것 같은데 그런 일은 일어나지 않았다. 오히려 놀라운 일이 일어났다. 그 엄청난 숫자의 관객들이 폭우 속에서도 흔들림 없이 공연을 즐겼다는 것이다. 그 많은 관객들이 폭우를 고스란히 다 맞으면서 세 시간 가까운 시간 동안 흔히 '떼창'이라고 하는 합창을 부르면서 열광하는 모습이(흡사 그를 찬양하고 경배하는 것 같았다) 신문에 대문짝만하게 실렸다.

월요일에 그 기사를 봤는데, 하필 그날따라 전날 주일 설교가 잘 풀리지 않아서 마음이 힘든 상태였던지라 마음이 더 심란해졌다.

'하나님을 예배하는 목사는 부실한 설교와 예배 인도로 성도들을 제대로 집중시키지 못해 이처럼 괴로워하는데…. 폴 매카트니에게는 이렇게 많은 관중이 폭우에도 아랑곳하지 않고 열광적으로 반응하다니!'

매카트니도 그 공연이 얼마나 흐뭇했는지, 전 세계를 다니며 수많은 공연을 하는 그가 그날의 잠실 공연을 잊을 수 없다고 인터뷰했다.

나는 그 기사를 보면서 이런 결심을 했다.

'좋다! 오늘 이후로 결단한다. 내 생애 단 한 번이라도 폴 매카트니의 공연보다 더 뜨거운 예배를 하나님께 올려드리는 날을 위해 기도할 것이다!'

이런 결심을 하고도 한편으로는 마음이 씁쓸했다. 나 자신이 초라하게 느껴지기도 하고 하나님께 온 마음을 다해 예배하는 것이 이렇게 어려운가 싶으면서 좌절감이 느껴지기도 했다. 당회에서 이런 괴로운 마음을 토로했더니 어느 착한 장로님이 이렇게 위로해주었다.

"목사님, 그 공연은 몇 년에 한 번 있는 것이고, 목사님의 설교는 매주 있는 것인데, 너무 낙심하지 마시고 힘내세요!"

이 장로님의 말씀으로 다른 장로님들과 함께 웃었던 기억이 난다. 어쨌든 설교자나 성도나 할 것 없이 예배에 마음을 쏟아야 한다. 폭우 속에서도 자기가 좋아하는 가수에게 집중하여 마음을 빼앗기지 않은 것처럼 우리도 예배에 온 마음을 다 쏟아야 한다. 예배가 살아 있는 한 결코 유대인들과 같은 혈통적 우월주의나 종교적 형식주의에 빠지지 않는다. 이 사실을 명심해야 한다.

헌금, 돈이 아닌 마음을 드리는가?

헌금하는 자세도 점검해봐야 할 항목이다. 나는 교회를 개척하면서 헌금과 관련하여 세 가지 결심을 했다.

첫째는 헌금 바구니를 돌리지 않겠다는 것이다. 아직 믿음이 약하고 헌금할 생각이 없는데 헌금 바구니가 왔다 갔다 하면 얼마나 민망하겠는가? 그리고 단지 주변 사람들의 눈을 의식해서 형식적으로 드리는 헌금이 무슨 의미가 있겠는가? 그래서 헌금 바구니를 돌리지 않겠다고 결심한 것이다.

둘째는 헌금 낸 사람의 이름을 주보에 안 내겠다는 것이다. 주보에 헌금한 분들의 명단을 올리는 것이 잘못되었다기보다는 이런 식으로 사람을 의식하는 습관이 생기면 종교적 형식주의에 빠질 위험이 있기 때문이다. 철저하게 하나님만 바라보는 훈련을 하는 차원에서 헌금한 분들의 명단을 주보에 싣지 않기로 결정한 것이다.

마지막으로 절대로 헌금을 강요하지 않겠다는 것이다. 내가 이렇게 결심할 때는 내 안에 이런 확신이 있었기 때문이다.

'헌금은 절대로 강요해서 되는 것이 아니다. 요즘 사람들이 얼마나 똑똑한데 내가 강요한다고 해서 헌금을 내겠는가? 하지만 하나님의 은혜가 그 마음 안에 폭포수처럼 부어지면 누가 말하지 않아도 하나님께 감사하는 마음으로 저절로 헌금을 드릴 것이다.'

지금까지 목회하면서 이 세 가지를 나름대로 잘 지켜왔다고 생각한다. 내가 감사한 것은, 지금까지 헌금 바구니 한 번 돌린 적 없고 헌금 낸 사람들의 명단을 주보에 실어본 적 없어도, 한 번도 교회에 예산이 부족하여 하나님의 일을 못 한 적이 없다는 사실이다. 이름 한 번 밝히지 않아도 어려운 성도와 이웃을 돕는 긴급구호 헌금, 이삭줍기 헌금에 넘치도록 헌신하시는 성도님들이 얼마나 많은지 모른다.

그리고 내가 교회를 개척하면서 또 하나 결심했던 것이 임직예배를 드리면서 헌금을 요구하지 않겠다는 것이었다. 예를 들면, 장로로 세워지면 얼마, 권사로 세워지면 얼마, 안수집사로 세워지면 얼마 하는 식으로 헌금을 정해주지 않는 것이다. 나는 장로 된다고, 권사 된다고 해서 얼마씩 헌금을 내라고 할당하는 것이 옳지 않다고 생각한다. 그래서 매년 임직예배가 있을 때마다 임직 후보를 모두 모아놓고 이런 이야기를 분명히 한다.

"교회가 헌금을 정해주지는 않는다. 헌금을 타인이 강제로 정해서 강요하는 것은 옳지 않다고 생각한다. 그러나 또 다른 한편으로는 자격 없는 자에게 이 귀한 직분을 주신 하나님께 마땅히 감사드려야 한다고 생각한다. 그런 의미에서 감사헌금은 해야 한다. 단, 하나님 한 분만을 의식하시면서 마음으로 드리셔야 한다. 이 자리에 경제적으로 어려운 분이 계시다는 것을 아는데, 그런 분들은 만 원만 드리면 좋겠다. 아니다. 그것조차도 안 하셔도 된다. 하나님께서는 액수의 문제가 아니라 마음을 드리는 것을 원하신다."

그러고는 누가 얼마를 헌금했는지 지금까지 한 번도 보고를 받거나 찾아본 적이 없다. 그런데도 모두들 얼마나 마음을 다해 헌금하는지 모른다. 강요를 받아서, 혹은 주보에 이름을 내려고 헌금한 사람이 한 명도 없이 전적으로 하나님만 바라보며 드린 헌금이다.

가끔 경제적으로 너무 어려운 분이 헌금 때문에 마음 어려워하면서 상담 신청을 해올 때가 있다. 그럴 때면 분명하고도 단호하게 말씀드린다. "성도님이 경제적으로 얼마나 어려우신가는 하나님이 더 잘 아실 텐데 조금도 염려하지 마시라"고 당부 드린다. 헌금은 금액이 문제가 아니다. 마음을 드리면 된다. 하나님을 우리 주머니에 있는 돈을 못 빼앗아서 안달복달하는 치졸한 분으로 전락시키지 말라.

'하나님, 제가 헌금을 드리고 싶은데 물질이 없습니다. 그러나 제 마음은 온전히 드립니다.'

이것이 하나님이 원하시는 마음이다.

경건생활, 하루의 일부를 주님을 위해 내어드리는가?

그런가 하면 내가 혈통적 우월주의나 종교적 형식주의에 빠져 있지 않은지를 점검하는 잣대가 하나 더 있는데, 나는 하나님을 얼마나 묵상하고 있는가 하는 것이 그것이다.

> 그러므로 함께 하늘의 부르심을 받은 거룩한 형제들아 우리가 믿는 도리의 사도이시며 대제사장이신 예수를 깊이 생각하라 히 3:1

> 믿음의 주요 또 온전하게 하시는 이인 예수를 바라보자 그는 그 앞에 있는 기쁨을 위하여 십자가를 참으사 부끄러움을 개의치 아니하시더니 하나님 보좌 우편에 앉으셨느니라 히 12:2

마음 중심으로 주님을 생각하고 바라보는 사람에게 신앙의 변질은 없다. 그러므로 당부한다. 하루에 단 10분이라도 시간을 내서 묵상해야 한다. 하나님의 말씀을 읽어야 한다. 그것이 우리가 사는 길이다.

지금까지 목회하면서 나는 늘 새벽 3, 4시면 일어나 묵상하는 시간을 가졌다. 가끔은 수면 부족을 방치하면 안 된다는 의사의 경고로 그 시간이 늦춰진 적은 있지만, 새벽에 하나님을 만나는 시간을 포기한 적은 없다. 그리고 의무감으로 억지로 일어난 적은 단 한 번도 없었음을 단언할 수 있다.

그리고 자신 있게 말할 수 있다. 분당우리교회를 개척한 이후로 지금까지 달리고 또 달렸지만 지치지 않았고, 지치더라도 금방 회복할 수 있었던 원동력은 바로 '하나님께 제 마음을 드립니다'라고 수없이 고백했던 그 새벽이 있었기 때문이라고.

소년이라도 피곤하며 곤비하며 장정이라도 넘어지며 쓰러지되 오직 여호와를 앙망하는 자는 새 힘을 얻으리니 독수리가 날개 치며 올라감 같을 것이요 달음박질하여도 곤비하지 아니하겠고 걸어가도 피곤하지 아니하리로다 사 40:30,31

마음을 드리는 데서 능력이 나온다

거듭 반복해서 강조한다. 형식적이고 종교적인 의식이 아닌 하나님 앞에 마음을 드리는 것이 왜 중요한가? 우리의 모든 능력이 여기에서 출발하기 때문이다.

언젠가 어느 책을 소개하는 글을 읽고 많은 생각에 빠졌던 적이 있는데, 《흔들리는 마흔, 붙잡아주는 화두》라는 제목의 책이었다. 책 제목에서 알 수 있듯이 이 책은 불교의 화두를 현대적 언어로 풀어 쓴 책이다. 책에 수록된 내용 일부를 인용하는데, 그 내용이 이러했다.

한 수행자가 노 선사에게 물었다.
"절벽에 매달려 있지만 곧 떨어질 듯합니다. 어떻게 할까요."
"손을 놓게."
다른 수행자도 물었다.
"벼랑 끝에 간신히 버티고 서 있는 중입니다. 어떻게 합니까?"
"한 걸음 내딛게."

절벽에서 떨어져 죽으라는 이야기 아닌가? 책의 내용을 인용하고는 이런 설명을 덧붙였다.

언론인 출신의 저자는 불교의 화두를 소개하면서 "날마다 펼쳐지는 일상 속에서 작게라도 죽는 연습을 해야 한다"는 메시지를 끌어낸다. 불교의 화두를 현대적 언어로 풀어낸 책이다.

나는 이 소개 글을 읽다가 깜짝 놀랐다. 일상 속에서 작게라도 죽는 연습을 해야 한다는 것은 우리에게 익숙한 표현 아닌가? 나도 사무실에 "나는 날마다 죽노라"라는 액자를 걸어놓고 매일 '맞아. 내가 날마다 죽어야 해. 작게라도 죽는 연습을 해야 해'라고 다짐하곤 한다. 나는 이것이 기독교의 전유물인 줄 알았는데, 불교에서도 벼랑 끝에 매달려 버둥거리지 말고 손을 놓고 떨어져 죽는 연습을 하라고 말하고 있었다.

내가 이것을 보면서 깨달은 것이 있다.

'모든 종교의 목표가 같구나. 모든 종교가 추구하는 것이 날마다 죽는 것이구나. 양보하고 희생하고 포기하고 욕심내지 말고 날마다 죽으라는 것이구나.'

문제는 무엇인가? 죽으려 하지 않는다는 것이다. 불교 신자도 잘 안 죽는다. 기독교 신자도 잘 안 죽는다. 이런 생각을 하면서 머릿속이 많이 복잡했었다.

그런데 기독교와 불교가 '날마다 죽노라'라는 공통된 가치를 추구하면서도 결정적인 차이가 무엇인가? 불교는 스스로의 고행과 수행 같은 자기 몸부림을 통해 득도할 수 있다고 말한다. 그러나 기독교는 그렇지 않다. 기독교가 날마다 죽기 위해서 추구하는 방식은 바로 이것이다.

만군의 여호와께서 말씀하시되 이는 힘으로 되지 아니하며 능력으로 되지 아니하고 오직 나의 영으로 되느니라 슥 4:6

우리의 고행으로는 안 된다. 우리의 노력만으론 안 된다. 자력으로는 불가능하다. 은혜로 되는 것이다. 십자가로 되는 것이다. 하나님을 의지하는 것으로, 하나님과의 관계를 통해 이루어가는 것이다.

우리가 불교 신자들에게 보여주었어야 하는 것이 무엇인가?

"우리 인간의 힘으로는 안 됩니다. 노력으로 될 수 없습니다. 저희도 저희의 애씀으로는 결코 이룰 수 없었습니다. 그러나 지금은 십자가 지는 삶이 가능해졌습니다. 그 비결을 깨닫게 되었습니다. 그게 뭔지 아십니까? 내 안에 계신 하나님의 은혜, 그 은혜로 가능하게 된 것입니다."

당당하게 십자가의 길을 걸으며 이런 메시지를 들려주었어야 하는데, 불행하게도 이것을 보여주는 데 실패했다. 보여주기는커녕 믿는 우리가 더 죽으려 하지 않는 현실이다. 우리의 비참함이 여기에 있다. 경건의 능력은 다 잃어버리고 경건의 모양만 겨우 갖추고 있는 모양새이다.

성도들이 만약 설교자인 나에게 상처 받는 일이 발생한다면, 강단에서는 날마다 은혜로 죽는다고 설교하면서 결정적인 순간에 죽는 길을 택하지 않고 비겁하게 사는 길을 택하는 모습을 보일 때일 것이다. 나는 이런 일이 일어날까봐 늘 두렵다.

이 후로는 누구든지 나를 괴롭게 하지 말라 내가 내 몸에 예수의 흔

적을 지니고 있노라 갈 6:17

당시 바울의 상황을 보면 바울을 괴롭히고 대적하는 사람들이 있었다. 예수님을 아무리 잘 믿어도 할례를 받아야 한다고, 왜 할례를 받지 않느냐고 공격한다. 갈라디아서 6장 17절 말씀은 바로 그런 자들을 향해 바울이 한 고백이다.

여기 나오는 '흔적'은 헬라어로 '스티그마'인데, 이는 고대 사회에서 주인이 노예에 대한 소유권을 확보하기 위해 노예의 몸에 낙인 찍는 것을 가리키는 단어이다. 따라서 여기서 바울이 말하는 '예수의 흔적'이란 사도로 부름 받은 바울이 예수의 소유가 된 흔적을 말하는 것이다.

"내게는 육신의 할례보다 소중한 것, 예수의 흔적이 있다. 내가 주의 종으로 헌신하며 살다가 고난과 상처를 받은 흔적, 자격 없는 나를 인도해주신 하나님의 사랑의 흔적이 내 몸에 있다!"

우리에게는 이 예수의 흔적이 있는가? 생각만 하면 눈물이 나는, 부인할 수 없는 예수님의 흔적, 지금까지 나를 견인해주신 주님의 사랑의 그 흔적이 우리에게 있는가?

너무나 낯선 시카고에서 갈 바를 알지 못해 방황하던 스물세 살 어린 나를 주님이 어떻게 인도해주셨는지, 그리고 그 이후에도 지금까지 계속적으로 그 사랑이 어떻게 나를 인도해주었는지, 부인할 수 없는 그 예수의 흔적이 나를 오늘에 이르게 해준 동력이 되었다면, 우리가 날마다 그 감격을 잊지 않고 하나님께 우리의 마음을 드려야 하지 않겠는가?

고요한 새벽에 이 말씀을 묵상하는데 찬양 하나가 내 입술에서 몇 번이고 고백되었다.

주님과 함께하는 이 고요한 시간
주님의 보좌 앞에 내 마음을 쏟네
모든 것 아시는 주님께 감출 것 없네
내 맘과 정성 다해 주 바라나이다

나 염려 하잖아도 나 쓸 것 아시니
나 오직 주의 얼굴 구하게 하소서
다 이해할 수 없을 때라도 감사하며
날마다 순종하며 주 따르오리다

온 맘 다해 사랑합니다
온 맘 다해 주 알기 원하네
내 모든 삶 당신 것이니
주만 섬기리 온 맘 다해

주님을 향한 사랑의 마음이 우리에게 있어야 한다. 이 사랑의 마음으로 할례를 받고, 율법을 지키고, 예배를 드려야 한다. 이 사랑의 마음으로 헌금을 하고, 이웃을 섬기고 봉사하는 우리가 되어야 한다.

주님 앞에 잠잠히 돌아보기 바란다. 그리고 우리 귓가에 지금도 속삭이시는 주님의 음성을 듣고 그 주님의 마음을 깨닫게 되기를 바란다.

'네 마음을 다오!'

PART 3

내 삶에
복음의 능력 담기

로마서 3:1-8

그런즉 유대인의 나음이 무엇이며 할례의 유익이 무엇이냐 범사에 많으니 우선은 그들이 하나님의 말씀을 맡았음이니라 어떤 자들이 믿지 아니하였으면 어찌하리요 그 믿지 아니함이 하나님의 미쁘심을 폐하겠느냐 그럴 수 없느니라 사람은 다 거짓되되 오직 하나님은 참되시다 할지어다 기록된 바 주께서 주의 말씀에 의롭다 함을 얻으시고 판단 받으실 때에 이기려 하심이라 함과 같으니라 그러나 우리 불의가 하나님의 의를 드러나게 하면 무슨 말 하리요 [내가 사람의 말하는 대로 말하노니] 진노를 내리시는 하나님이 불의하시냐 결코 그렇지 아니하니라 만일 그러하면 하나님께서 어찌 세상을 심판하시리요 그러나 나의 거짓말로 하나님의 참되심이 더 풍성하여 그의 영광이 되었다면 어찌 내가 죄인처럼 심판을 받으리요 또는 그러면 선을 이루기 위하여 악을 행하자 하지 않겠느냐 어떤 이들이 이렇게 비방하여 우리가 이런 말을 한다고 하니 그들은 정죄 받는 것이 마땅하니라

CHAPTER 7

지식의 저주를
끊고

아픔과 상처 많은 교회

간혹 해외 집회를 가게 되는데, 이민교회를 방문하다 보면 마음이 아플 때가 종종 있다. 교회 안에서 상처 받아 힘들어하는 성도들을 자주 만나기 때문이다. 목회자에게 상처 받아 신음하는 성도가 있는가 하면, 반대로 성도들에게 상처 받고 괴로워하는 목사님이나 사모님도 많다. 내가 이상하게 생각하는 것이 있다. 서로 외로운 외국 생활을 힘들어하다 만났으니 서로를 더 잘 이해하고 애틋한 마음으로 섬길 것 같은데, 현실은 그렇지 않은 경우가 많다는 것이다. 사실, 교회 안에서 이런저런 아픔을 경험하고 힘들어하는 일들이 많은 것은 국내 교회도 예외가 아니다.

이런 일을 간혹 겪다 보니 자주 이런 질문을 하게 된다.

'왜 교회 안에 대인관계적인 어려움이 이렇게 많을까? 하나님께서 우리에게 교회 공동체를 주셨을 때는 교회를 통해 세상에서 받은 상처와 아픔을 치유하기 원하셔서 주셨을 텐데, 왜 현실은 정반대일까?'

이런 질문을 던질 때면 목회자로서 마음이 너무 아프다.

몇 해 전 여름에 미국 몇 개 지역과 남미 몇 나라를 돌며 순회집회를 한 적이 있다. 맨 마지막 일정으로 일본에서 열린 유학생 집회인 코스타 집회에 참석했는데, 현지 일본인 학생들과 중국인 학생들을 포함하여 거의 2천 명 가까운 유학생 청년이 모이는 큰 집회였다. 젊은이들이 모여 밤낮없이 뜨거운 찬양과 기도로 은혜를 사모하는 모습을 지켜보는데, 그렇게 은혜를 갈망하는 청년들을 보자 눈물이 울컥 쏟아졌다.

'젊은이들은 예수님을 제대로 믿어보겠다고 이렇게 애쓰며 발버둥을 치는데, 교회는 왜 저 귀한 젊은이들에게 힘과 용기를 주지 못하는가? 힘과 용기를 주기는커녕 그들을 낙심시키는 일들이 계속 일어나는가? 목사, 권사, 장로라는 기성세대는 왜 젊은이들이 보기에 매력적이고 건강한 교회를 만드는 데 계속 실패하는가?'

속으로 끊임없이 쏟아져 나오는 여러 질문을 던지며 눈물을 많이 흘렸다.

하나님이 주신 대안

코스타 집회를 마치고 귀국하기 위해 일본 공항 대합실에 앉아 있는데, 여전히 마음이 착잡했다. 그렇게 귀국 비행기를 기다리며 앉아 있는데 불쑥 내 마음에 드는 생각이 하나 있었다.

'교회에 이렇게 상처 받은 성도가 많은데, 우리 교회라고 예외일까?'

외진 공항 대합실에 앉아 이런 생각에 사로잡혀 있다가 우리 교회 부교역자들과 이런 마음을 나누고 싶은 생각이 들었다. 그래서 노트북을 꺼내어 전체 교역자들에게 메일을 보냈다. "우리 교역자들이 한마음이 되어 성도들의 눈물을 잘 닦아줄 수 있게 하자. 우리의 잘못으로 성도들에게 아픔과 상처를 주는 일이 없게 하자"라는 요지의 메일이었다.

그랬더니 메일을 보내고 채 10분도 되지 않아 한 교역자에게 답 메일이 왔다. 일본에서 보낸 메일에 이렇게 빠른 답이 오는 것도 신기했지만, 그 부교역자가 보낸 메일 내용이 내게 큰 도전이 되었다.

휴가를 보내며 짬짬이 책을 읽고 있습니다. 지금 읽고 있는 책은 스타벅스 전 CEO인 하워드 슐츠가 쓴 《온워드》(Onward)란 책인데, 하워드 슐츠는 정말 자신의 커피 회사를 사랑하고 창업 당시의 본질을 되찾기 위해 쉬지 않고 내부적인 싸움을 계속하고 있더군요. 대단해 보였습니다.

공동체의 문제는 결국 리더의 끊임없는 방향 제시와 열정의 문제라는 것, 아무리 힘든 문제가 많은 공동체라 하더라도 리더가 흔들리지 않고 서 있으면 된다는 것과 그렇기에 제가 어떤 자세와 열정을 가져야 하는지를 이 책을 통해 많이 생각하고 점검하고 있습니다.

메일을 읽는 순간 '어쩌면 하나님이 이 책을 통해 나의 고민에 대한 답을 주시는 것인지도 모른다'는 생각이 스쳤다. 그래서 나는 귀국하자마자 후배 교역자가 말한 그 책을 구해서 읽기 시작했다.

본질을 회복할 때 위기를 극복할 수 있다

내용의 전개는 간단했다. 저자인 하워드 슐츠는 1987년에 스타벅스를 인수했고, 우리가 다 아는 것처럼 스타벅스는 세계로 뻗어가며 빠르게 성장했다. 그런데 그토록 잘나가던 스타벅스가 2007년 위기를 맞게 된다. 성장세는 하향세로 돌아섰고 문을 닫는 가게가 많아졌다. 위기의식을 느낀 하워드는 원인을 찾기 위해 연일 회의하고 문제점을 분석하며 위기를 극복하기 위해 특단의 조치를 취했다. 이 책은 이런 과정과 내용을 담고 있었다.

그런데 하워드가 스타벅스가 위기를 맞게 된 원인을 분석한 내용이 정말 놀라웠다.

그런데 우리는 어느 순간 고꾸라졌다. 행진은 멈췄고 스타벅스는 하향세로 돌아섰다. 2007년의 일이다. 무엇이 원인이었을까? 우리는 성장에만 집착한 나머지, 기업의 핵심 가치를 점점 놓치고 있었다.

하워드 슐츠는 목회자나 사회사업가가 아니다. 커피를 팔아서 매출을 올려야 하는 회사의 CEO이다. 그런 그가 당시 자기 회사가 겪고 있던 문제점을 '핵심 가치의 부재 때문'이라고 진단했다는 사실에 놀랐다. 그러면 하워드가 생각하는 자기 기업의 핵심 가치가 무엇인가? 이어지는 내용이 이렇다.

우리가 40년 전부터 전념해온 핵심 가치인 사람의 영혼을 감동시키는 스타벅스 정신이라는 본질을 잃어버리는 것이기 때문이다. … 스타벅스의 설립 기반이 되어준 고유의 특성들이 점차 사라져갔다.

그의 진단이 놀랍지 않은가? 슐츠는 당시 스타벅스가 겪던 문제들을 이런 안목으로 진단하는데, 이 진단을 바탕으로 특단의 조치를 내린다. 직원들의 재교육 없이는 스타벅스의 회복이 불가능하다는 판단 아래, 미국 내 7천1백여 개 점포의 문을 동시에 닫고 전 직원을 대상으로 가장 기초적인 커피 내리는 법부터 시작해서 회사의 정신에 대한 재교육을 실시하기로 한 것이다. 이를 위해 스타벅스는 6백만 불의 손해를 봤다고 한다.

그렇게 막대한 손해를 감수하고 전 직원 재교육이란 특단의 조치를 취한 끝에 스타벅스는 점차 회복하기 시작했고, 3년 뒤인 2010년에는 창업 40년 만에 연매출 100억 달러를 달성했으며, 매주 6천만 명 이상의 손님이 스타벅스를 찾게 되었다는 것이다.

'하나님이 이 책을 읽게 하신 이유가 뭘까?'를 골똘히 고민하며 책을 읽어가던 내가 그 책에서 받은 메시지 중에 하나는, 시간이 지나면 변질된다는 것이다. 여기에는 그 누구도 예외가 없다. 시간이 흐르면 위기가 찾아오고 초심을 잃게 마련이라는 것이다.

그런가 하면 내가 발견한 더 중요한 메시지가 이것이다. 시간이 지나 변질되고 초심을 잃어 위기가 찾아오면, 임시변통으로는 해결할 수 없고 본질을 점검하고 그 본질을 회복해야 위기를 극복할 수 있다는 것이다.

이런 교훈 앞에 나는 한 교회의 담임목사로서 나 자신의 모습을 돌아보는 한편, 개척한 지 십수 년이 지난 분당우리교회의 현실을 점검하며 우리 교회에는 혹시 2007년에 스타벅스가 겪었던 것 같은 위기는 없는지를 하나님 앞에서 깊이 돌아보았다.

기업 운영에 있어서는 위기가 금방 감지된다. 매출이 떨어지고, 폐업하는 가게가 줄줄이 늘어나는 등 눈에 띄는 변화가 감지되기 때문이다. 하지만 교회에서는 이런 발견이 쉽지 않다. 교회는 영적인 문제를 다루는 곳이기 때문이다. 그렇기 때문에 실상은 깊이 병들어가고 있으면서도 그 증상을 잘 느낄 수 없는 곳이 교회이다.

우리 안에 발견된 적신호

이런 측면에서 분당우리교회에 위기는 없는지 점검하다 보니 회복해야 할 영역들이 눈에 띄었다.

가장 먼저 적신호가 발견된 것은 '예배'이다. 사실 교회를 개척하고 가장 우선순위에 둔 것이 예배였다. 학교를 빌려서 예배 장소로 사용했기 때문에 주중에 따로 모일 공간이 없었기에 주일 예배에 사활을 걸 수밖에 없었다. 개척 초기를 생각해보면, 그때는 다른 것은 다 용서해도 예배 준비를 소홀히 하는 것은 결코 그냥 넘어가지 않았다. 그러다 보니 한 주를 시작하는 화요일 아침에 가졌던 교역자 회의는 그 전주에 드렸던 예배를 점검하는 데 가장 많은 시간을 보냈다. 그리고 다음 주에 드려질 주일 예배와 주중에 드려지는 각종 예배에 대한 경각심을 일깨우는 데 혼신을 다했다.

그런데 언제부터인가 담임목사인 나부터 그 정신이 희미해지기 시작한 것 같다. 이것은 다른 교역자들이나 성도들도 마찬가지였다. 이런 각도로 살펴보니, 예배를 대하는 성도들의 태도에 더 이상 방치할 수 없는 것들이 눈에 많이 띄었다. 예배에 지각하는 문제도 더 이상 방치할 수 없었다. 축도가 끝나기도 전에 서둘러 예배당을 나서는 성도들이 있는가 하면, 예배드리는 것을 공연 관람하는 것처럼 생각하는지 예배드리는 자세에 문제가 많은 청년들도 보고되었다. 옷차림은 어떤가? 자기보다 아랫사람을 만나러 가도 그런 차림으로는 안 갈 것 같은 민망한 복장으로 예배당을 찾는 성도도 종종 눈에 띄었다. 교회의 가장 핵심 가치라고 할 수 있는 예배에 적신호가 켜진 것이다.

또 하나 우리 교회가 추구하는 중요한 가치는 소그룹 모임인 '다락방'이다. 주일 예배 때는 나누지 못하는 아름다운 성도 간의 교제, 즉 코이노니아가 다락방에서 이루어지기 때문에 나는 개척하고 줄곧 다락방의 중요성을 강조했다. 그리고 건강하게 이루어지던 다락방 모임에 대한 긍지도 무척 컸다. 그런데 그런 다락방 모임에서도 적신호가 발견되고 있다는 것이 내 마음을 아프게 했다. 물론 여전히 소그룹 다락방 모임을 통해 아름다운 코이노니아를 이루어 가고 있다는 보고가 계속되고 있다. 하지만 다락방에서 상처 받았다는 가슴 아픈 이야기들도 적지 않게 들려오는 현실이다.

우리 교회는 예배와 다락방 모임을 통한 주 안에서의 교제가 중요한 가치 중의 하나라고 여겨왔기에 이런 문제를 방치해 두는 것은 옳지 않다고 생각했다.

그런데 그동안 나름대로 예배와 다락방 모임에 집중해온 우리 교회에서 왜 이런 적신호가 켜지게 되었을까? 이 문제는 비단 우리 교회만의 문제는 아닐 것이기에, 이것을 살펴보는 것이 우리의 현주소를 돌아보는 데 도움이 될 것 같다. 이와 관련한 문제 제기를 본문의 말씀을 통해 조금 더 면밀하게 살펴보자.

하나님이 질책하시는 이유

앞에서 살펴본 것처럼, 초심을 잃어버리고 타락의 길로 나아갔던 유대인들을 향한 하나님의 무서운 질책이 로마서 2장 내내 계속되고 있다.

이런 일을 행하는 자를 판단하고도 같은 일을 행하는 사람아, 네가 하나님의 심판을 피할 줄로 생각하느냐 롬 2:3

다만 네 고집과 회개하지 아니한 마음을 따라 진노의 날 곧 하나님의 의로우신 심판이 나타나는 그날에 임할 진노를 네게 쌓는도다
롬 2:5

하나님께서 유대인의 문제를 이처럼 무섭게 질책하시는 것은, 그들에게 공개적으로 창피와 면박을 주어 수치의 자리에 빠뜨리기 위함이 아니다. 마치 위기에 빠진 스타벅스의 CEO가 6백만 불의 손해를 감수하고서라도 직원들의 재교육에 투자하여 본질을 회복했던 것처럼, 하나님께서는 변질된 유대인들이 무서운 질책을 통해서라도 어떻게든 각성하여 회개의 자리로 돌이키기를 원하셨던 것이다.

그러나 불행히도 유대인들은 하나님의 이 마음을 몰랐다. 말씀 앞에서 회개하고 초심으로 돌아가고자 애쓰기는커녕 모든 책임을 하나님께 돌리며 변명하기에 급급했다. 그 내용을 담고 있는 것이 본문인 로마서 3장 1-8절이다.

유대인들의 항변

구체적으로 살펴보기 전에 알아두어야 할 것이 있다. 바울은 본문에서 '디아트리베'라는 독특한 수사법을 사용하는데, 디아트리베

수사법이란 가상의 인물을 설정하여 그 가상 인물이 제기하는 질문에 대답해나가는 형식을 말한다. 로마서 2장 1-5절 역시 2인칭 시점에서 '너'라고 하는 가상의 대상과 대화하고 질문하는 디아트리베 수사법이 사용된 바 있다.

본문 역시 같은 방식이다. 로마서 2장에서 유대인들의 문제점을 신랄하게 지적하고 책망했던 바울이 여기서는 그 책망에 대해 예상되는 유대인들의 가상의 항변을 세 가지로 정리하고 그에 답하는 형식을 취하고 있다.

이 사실을 염두에 두고 본문을 살펴보자. 유대인들의 항변을 담은 첫 번째 질문은 이것이다.

> 그런즉 유대인의 나음이 무엇이며 할례의 유익이 무엇이냐 롬 3:1

이것이 무슨 뜻인가? 유대인들이 이렇게 항변한다는 것이다.
"바울 당신이 로마서 2장에서 우리를 무섭게 지적하고 책망하며 짓밟아놓았는데, 그렇다면 우리 유대인들이 이방인에 비해 나은 것이 하나도 없다는 말입니까?"

이 항변에 바울은 이렇게 대답한다.

> 범사에 많으니 우선은 그들이 하나님의 말씀을 맡았음이니라 롬 3:2

그리고 예상되는 두 번째 항변을 이렇게 피력한다.

어떤 자들이 믿지 아니하였으면 어찌하리요 그 믿지 아니함이 하나님의 미쁘심을 폐하겠느냐 롬 3:3

이는 무슨 뜻인가? 유대인들이 대단한 특권을 받았다고 하지만, 그들이 하나님을 믿지 않고 불순종한다면 무슨 소용이 있느냐는 것이다. 즉, 하나님의 은혜와 능력이 무기력한 것 아니냐는 것이다. 이에 대해 바울은 이렇게 대답한다.

그럴 수 없느니라 사람은 다 거짓되되 오직 하나님은 참되시다 할지어다 롬 3:4

그리고 5절에서 마지막으로 세 번째 예상 항변을 피력한다.

그러나 우리 불의가 하나님의 의를 드러나게 하면 무슨 말 하리요 [내가 사람의 말하는 대로 말하노니] 진노를 내리시는 하나님이 불의하시냐 롬 3:5

이 말씀은 지금 이렇게 항변하는 것이다.
"우리가 불의와 거짓을 행했다고 하지만, 그 불의와 거짓으로 하나님의 선하심이 드러나게 되었다면 이는 잘된 일 아닙니까? 하나님의 영광이 드러났는데 왜 하나님께서는 이것을 가지고 진노하고 심판하려 하시는 것입니까?"

이 항변에 대한 바울의 대답은 이렇다.

> 결코 그렇지 아니하니라 만일 그러하면 하나님께서 어찌 세상을 심판하시리요 … 그러면 선을 이루기 위하여 악을 행하자 하지 않겠느냐 **롬** 3:6,8

바울은 유대인들의 문제점을 신랄하게 책망하는 내용에 이어서 왜 여기에다 그들의 항변을 담은 가상 질문을 피력했을까? 이것이야말로 당시 변명과 책임 전가에 급급했던 유대인들의 내면세계를 그대로 대변하고 있기 때문 아니겠는가? 그런데 이것이 당시 유대인들만의 문제이겠는가?

나는 유대인들의 항변이 담긴 이 세 가지 가상 질문을 보면서, 내가 대학생 시절에 한참 불붙었던 '가룟 유다 예찬론' 논쟁이 떠올랐다. 특히 세 번째 가상 질문과 그 맥락이 가장 비슷하다.

'가룟 유다 예찬론' 논쟁은 어느 소설가가 자신의 소설에서 문제 제기를 하면서 촉발된 논쟁으로, 당시 굉장한 이슈가 되었다. 그 요지는 이렇다.

"예수님은 십자가를 지시기 위해 이 땅에 오셨는데, 만약 가룟 유다가 예수님을 배신하지 않았더라면 예수님이 어떻게 십자가를 지실 수 있었겠나? 가룟 유다 덕분에 예수님이 무사히 십자가를 지실 수 있었으니 잘한 일 아닌가? 그러면 결과적으로 가룟 유다는 피해자 아닌가? 그가 무슨 죄를 지었는가?"

가룟 유다가 배신한 덕분에 예수님이 십자가를 지실 수 있었다니, 이 얼마나 어이없는 궤변인가? 이런 논쟁이 무엇을 말하는가? 회개의 자리로 나아가는 대신, 누군가에게 책임을 전가하고 변명하고 회피하려는 인간의 본능이 여기에 고스란히 담겨 있지 않은가? 하나님께 책임을 전가하며 변명하는 본문의 유대인들의 모습은 다름 아닌 변질된 우리의 모습이었다.

나는 이 말씀을 묵상하며 회개가 사라져버린 오늘의 교회 현실에 대해 많이 생각했다. 오늘날 우리에게 회개가 있는가? 그리고 성도들은 주로 어떨 때 은혜 받았다고 하는가? 강단에서 목사가 내가 생각하는 이슈에 대해 내 편에 서서 말해주면 기분이 좋아져 '은혜 받았다'고 말하고, 평소의 내 생각과 다르게 선포하면 화가 나서 못 견디겠는 것이 오늘날 예배의 현장 아닌가? 그러다 보니 우리에게 이런 애통함이 사라져버렸다.

> 그들이 이 말을 듣고 마음에 찔려 베드로와 다른 사도들에게 물어 이르되 형제들아 우리가 어찌할꼬 하거늘 행 2:37

적나라하게 드러나는 우리의 변질된 모습 앞에 "형제들아 우리가 어찌할꼬"라고 하면서 가슴을 치며 회개하는 역사가 교회에서 사라져버렸다는 것이다.

왜 회개하지 않을까?

그렇다면 이런 심각한 질문을 생각해봐야 한다.

"도대체 유대인들은 회개를 촉구하며 책망하는 하나님의 말씀 앞에 왜 이렇게 반항하는 것일까? 왜 도무지 변화가 일어나지 않는 것일까? 고통스럽긴 하겠지만 '형제들아 우리가 어찌할꼬'라고 하며 회개의 자리로 나아가면 되는데, 그들은 왜 이렇게 변명만 일삼는 것일까? 또 우리는 왜 그들과 다름없는 모습으로 살아가고 있는가?"

이 문제를 가지고 씨름하는데, 문득 떠오른 용어 하나가 있었다. '지식의 저주'란 용어였다. 이 용어는 미국 스탠포드 경영대학원의 칩 히스(Chip Heath) 교수가 언급한 개념이다.

몇 년 전에 '카카오톡'으로 유명한 주식회사 카카오와 인터넷 포털사이트 '다음'으로 유명한 다음커뮤니케이션이 합병하여 '다음카카오'(현재는 '카카오')라는 거대 기업이 탄생했다. 그런데 합병 이듬해에 카카오는 충격적인 발표를 한다. 신임 대표로 서른다섯 살의 젊은 청년을 내정했다는 것이다.

정말 말도 안 되는 일이 실제로 벌어진 것이다. 시가총액이 무려

8조 원에 이르는 거대 기업을 속된 말로 세상 경험도 없는 애송이에게 맡기겠다는 결정이었으니 말이다. 그 당시 이 사건을 다룬 기사가 있다.

> 이처럼 역동적인 CEO를 전면에 배치한 김 의장의 의중에도 관심이 쏠리고 있다. 주변에서는 김 의장이 이번에도 지식의 저주에 갇히지 않을 리더를 찾았다고 평가한다. 지식의 저주란 스탠포드대 칩 히스 교수가 말한 개념으로 기존 시대의 지식에 매몰돼 있으면 그 이상을 상상하기 어렵다는 맥락에서 자주 쓰인다.

여기서 '지식의 저주'라는 용어가 사용되었다. 즉, '지식의 저주'는 기존 시대의 지식에 매몰되어 있으면 그 이상을 상상하기 어렵다는 것을 일컫는 용어다. 이 단어를 《트렌드 지식 사전》에서 찾아보니 이런 부연 설명이 달려 있었다.

> 카카오톡을 만든 카카오 의장 김범수는 '지식의 저주'의 대표적인 예찬론자이다. 김범수는 모바일 시대엔 인터넷 시대의 성공 방식을 버려야 한다는 말을 자주한다. 그는 카카오톡의 성공 비결을 물을 때도 '웹에서의 성공 기억을 버렸기 때문'이라고 강조한다.

다시 로마서로 돌아가서, 변질과 타락을 질타하는 말씀 앞에서 유대인들이 회개함으로 본질을 회복하는 자리로 나아가지 못하고 왜 그렇게까지 변명과 책임 전가에만 급급했는지 생각해보면, 바로 그들이 가진 '지식의 저주' 때문이라는 것이다. 그들에게 이미 형성되어 있던 하나님관(觀), 메시아관, 신앙관이 너무나 견고해서 그것이 '지식의 저주'가 되었다는 것이다.

모르기 때문에 더 잘할 수 있었다

내 지난 목회를 돌아보면 다른 목회자들과 다른 특이한 점이 하나 있다. 어른 목회를 전혀 해보지 않은 상태에서 교회를 개척한 것이 그것이다. 그래서 개척 초기에는 많이 힘들었다. 중고등부 현장에서 지루하면 지루한 대로, 좋으면 좋은 대로 금방 티가 나는 아이들만 10년을 상대하다가 도무지 그 속내를 알기가 쉽지 않은 어른들을 상대로 목회하려니, 목회가 너무 어려웠다. 그뿐만 아니라 오랜 세월 청소년들만 상대로 설교했던 내가 어른들을 상대로 설교하는 일도 여간 힘든 일이 아니었다.

그런데 지금에 와서는 오히려 분당우리교회가 부흥하게 된 비결이 "이찬수 목사가 어른 목회를 안 해보고 개척했기 때문"이라는 평가가 많다. 다른 말로 하면, 나에게는 어른 목회에 대한 선입견이 없었기에, 어른 목회에 대한 '지식의 저주'가 없었다는 것이다.

비슷한 예를 우리 교회 성도들을 통해서도 많이 보게 된다. 교회가 점차 성장하면서, 큰 교회는 점점 더 커지고 작은 교회는 점점 더 어려워지는 현실을 무시할 수 없어서 큰 결단을 내렸다. 기존 신자의 등록을 받지 않기로 결정한 것이다. 전도를 받아 교회에 오거나 하나님을 알고 싶어 스스로 찾아오는 초신자들만 등록이 가능하게 했다.

그런데 등록 시스템이 그렇게 바뀌고 난 이후에 나는 새로운 사실을 하나 발견했다. 교회에 등록한 지 얼마 안 되는, 이제 예수 믿은 지 얼마 안 되는 성도가 얼마나 놀랍게 변화되고, 그 가정에 어떤 놀라운 은혜가 일어나는지가 보이기 시작한 것이다. 그들을 통해 복음이 놀랍게 선포되고 전도가 힘 있게 일어나는 것을 목격하는 일이 많아졌다. 예전에 기존 신자와 초신자가 함께 섞여 있을 때는 티가 잘 안 났는데, 초신자들의 등록만 받고 난 후부터 그들의 변화가 눈에 띄기 시작해서 모두를 놀라게 했다.

초신자들의 드라마틱한 변화를 자주 목격하다 보니 마음속에 이런 질문이 생겼다.

'왜 우리 같은 기존 신자, 오래 예수 믿는 모태신앙인들에게는 이런 드라마틱한 복음의 능력이 잘 나타나지 않는가?'

이것이 가슴 아픈 현실 아닌가? 이 질문을 가지고 고민하다 보니 답이 보이는 듯했다. 아마도 이미 신앙생활의 모든 것에 익숙해져버려 그것이 '지식의 저주'가 되어 우리를 붙잡고 있기 때문일 것이다. 바로 이것이 로마서 3장에 나오는 유대인들의 문제점이었다. '지식의 저주'에 붙잡혀 회개의 자리로 나아가는 대신 변명과 책임 전가만 일삼는 것이 유대인들에게만 국한된 모습이 아니라 오늘 우리도 예외가 아니란 것이 내가 발견한 가슴 아픈 현실이다.

다시 복음을 붙잡으라

로마서 3장을 묵상하고 메시지를 준비하는 내내 하나님께서는 내게 이런 경고를 주셨다.

'네가 지금 로마서 3장에 있는 유대인들의 모습에 대해 비판하고 있니? 그게 바로 네 모습이야!'

왜 이런 말씀이 내게 찔림이 되었는가? 언제부터인가 내게서도 하나님께서 싫어하시는, 오래 믿은 사람들에게서 드러나기 쉬운 '굳은 모습'이 나타나기 시작했기 때문이다. 언제부턴가 내가 복음의 능력을 별로 기대하지 않아도 전혀 불편하지 않은 목사가 되어버렸다. 우리 교회의 풍성한 예산, 많은 성도, 갖춰진 시스템들로 내가 복음의 생생한 능력을 기대하지 않고도, 절박하게 하나님께 매달리지 않고도 아무 일 없이 교회가 잘 운영되는 듯 보이기 때문이다.

당신은 어떤가? 언제부터인가 절박하게 하나님을 찾지 않아도 전혀 불편하지 않게 되지는 않았는가? "내가 장로인데, 내가 권사인데, 내가 모태신앙인데"라고 하면서 살고 있지는 않은가? 우리가 깨뜨려야 할 '지식의 저주'는 무엇인가? 우리가 깊이 돌아보아야 한다.

이것이 로마서 3장에서 보는 유대인들의 가슴 아픈 모습이고, 또 우리의 모습이다. 그러면 우리는 어떻게 해야 하는가? 우리에게 너무 익숙해져 '지식의 저주'가 되어버린 모든 것을 깨뜨리고 다시 새롭게 복음을 붙잡아야 한다. 위기가 왔을 때 하워드 슐츠가 가르쳐준 대로 대가를 지불하고서라도 초심으로 돌아가 본질을 붙잡아야 한다.

> 내가 복음을 부끄러워하지 아니하노니 이 복음은 모든 믿는 자에게 구원을 주시는 하나님의 능력이 됨이라 먼저는 유대인에게요 그리고 헬라인에게로다 롬 1:16

자꾸 변명하지 말고, 다른 사람 탓으로 돌리지 말고 이런 복음의 능력을 잃어버린 것을 부끄러워하며 회개해야 한다. 우리의 잘못을 지적해주실 때 핑계 대지 말고 회개의 자리로 나아가야 한다.

이런 점에서 보면 안타까운 성경의 인물들이 있다. 구약의 가인도 그런 경우다. 그는 어쩌다가 질투의 화신이 되어 자기 동생을 죽이는 짓까지 저질렀을까? 이것도 안타까운 일이지만 더 안타까운 일은 그 일이 벌어지고 난 이후이다.

동생을 죽인 가인을 하나님이 찾으셨다.

> 여호와께서 가인에게 이르시되 네 아우 아벨이 어디 있느냐 창 4:9

내가 믿기로는, 하나님이 가인을 찾으신 까닭은 그를 찾아 벌하시기 위함이 아니라 회개를 통해 회복할 기회를 주시기 원함이었다고 믿는다. 그런데 가인은 자신을 찾아주신 하나님께 뭐라고 답했는가?

그가 이르되 내가 알지 못하나이다 내가 내 아우를 지키는 자니이까
창 4:9

하나님이 자기를 찾아주셨을 때 이런 식으로 둘러대지 말고 회개하고 돌아서는 계기로 삼았더라면 얼마나 좋았을까? 왜 이렇게 변명에 급급하여 결국 몰락해버렸는가? 그래서 나는 가인이 안타깝다.

가룟 유다도 마찬가지다. 어떻게 보면 가인에 비하면 가룟 유다가 한결 양심적인 것 같다. 그는 변명은 안 했다. 예수님을 팔아놓고는 자기 양심이 격동하자 목을 매 자살하는 것으로 스스로 죗값을 치렀다. 그런데 이것이 가룟 유다에게 가장 큰 비극이었다. 그의 양심이 복음 되신 예수 그리스도 앞으로 나아가는 능력으로 사용되지 않고, 자기 스스로 문제를 해결하려 했다는 데 그의 비극이 있는 것 아닌가?

오늘날 수많은 교회가 신음하고 있다. 너무나 많은 예수 믿는 가정이 병들어 있다. 어떻게 하면 좋겠는가? 가룟 유다처럼 "내 가정

을 내가 망쳤어"라고 하면서 스스로 해결하려고 하면 안 된다. 복음이 필요하다. 십자가의 능력을 붙들고 "하나님 저의 무지와 잘못으로 가정이 이렇게 되었습니다. 하지만 다시 복음을 의지합니다"라고 고백해야 한다. 로마서 2장을 주신 하나님의 소원이 바로 이것이다.

지식의 저주를 깨뜨리고 회복의 자리로

그렇다면 복음을 다시 붙잡기 위한 방법은 무엇인가? 내가 아무리 부유하고, 아무리 많은 사람이 인정하는 지식을 가졌어도, 목회자로서 설령 목회의 대가라는 소리를 듣는다 하더라도 어른 목회를 해본 적이 없어서 부들부들 떨며 단에 섰던 그 마음을 회복하지 않으면 진정한 회복은 없다. 선입견 없이 교회를 바라보는 시선이 필요하다.

서두에서 얘기했던 일본 코스타 집회 때, 마지막 날 밤 약 2백여 명 되는 중국 유학생을 모아놓고 설교를 했다. 설교를 마치고 기도회를 진행하는데, 나는 회개를 촉구하며 이런 도전의 메시지를 던졌다.

"여러분이 여러분의 조국 중국을 위해 기도해야 하지 않겠습니까? 중국의 복음화를 위해 기도해야 할 것 아닙니까?"

이런 도전 앞에 전심으로 반응하며 기도하는 중국인 유학생들을 보면서 내가 큰 도전을 받았다. 그 젊은 중국인 유학생들이 땅을

치고 통곡하며 조국을 살려달라고 눈물로 회개하는데, 그 모습에 내 마음이 무너졌다.

'저 모습이 70년대 우리의 모습이었는데, 가난하고 힘들었던 그 때에는 오직 대안이 십자가밖에 없어서 조국 대한민국을 위해, 교회의 부흥을 위해 눈물로 기도하던 것이 바로 우리의 모습이었는데…! 그런데 어쩌다가 한국교회가 이렇게 무기력해져버렸는가?'

이런 탄식이 저절로 나왔다. 오늘날 한국교회의 무기력은 시간이 가면서 우리도 모르게 '지식의 저주'에 갇혀버렸기 때문에 찾아온 것이다. 지금 중국에서는 당국이 손쓸 수 없을 정도로 복음이 불같이 일어나고 있다. 그 물결을 감히 건들 수가 없을 지경이다. 그런데 우리 한국교회는 '우리도 예전엔 저랬었지' 하면서 어느새 노화되어 초라한 모습으로 무기력하게 서 있게 되어버렸다.

이제 어떻게 해야 하는가? 계속 이렇게 무기력한 자리에 서 있을 것인가? 우리가 복음을 새롭게 붙잡아야 한다. 하나님의 능력을 갈구해야 한다. 자기변명에 급급할 것이 아니라 회개의 자리로 나아가야 한다. 고통스럽더라도 '지식의 저주'를 깨뜨리고 복음의 능력을 새롭게 맛보아야 한다. 그럴 때 우리에게 회복이 임할 것이다.

우리가 다 이렇게 선포했으면 좋겠다. 과거의 화려했던 기억은 다 버리고, 모든 '지식의 저주'는 발로 차버리고 하나님 앞에서 이렇게 선포하자.

"우리에게는 오직 하나님의 은혜가 필요합니다! 복음의 능력이 새롭게 필요합니다! 살아 움직이는 교회가 되기 위해서 선입견 없이 교회를 바라보기 원합니다!"

　이런 회개의 역사가 일어나지 않으면 우리도 요한계시록에 나오는 사데교회나 라오디게아교회처럼 준엄한 주님의 책망을 피하기 어려울 것이다.

　사데교회의 사자에게 편지하라 하나님의 일곱 영과 일곱 별을 가지신 이가 이르시되 내가 네 행위를 아노니 네가 살았다 하는 이름은 가졌으나 죽은 자로다 너는 일깨어 그 남은 바 죽게 된 것을 굳건하게 하라 내 하나님 앞에 네 행위의 온전한 것을 찾지 못하였노니 그러므로 네가 어떻게 받았으며 어떻게 들었는지 생각하고 지켜 회개하라 만일 일깨지 아니하면 내가 도둑같이 이르리니 어느 때에 네게 이르는지 네가 알지 못하리라 계 3:1-3

　네가 말하기를 나는 부자라 부요하여 부족한 것이 없다 하나 네 곤고한 것과 가련한 것과 가난한 것과 눈먼 것과 벌거벗은 것을 알지 못하는도다 계 3:17

　두렵고 떨리는 마음으로 회개의 자리로 나아가는 우리 모두가 되기를 바란다.

로마서 3:1-8

그런즉 유대인의 나음이 무엇이며 할례의 유익이 무엇이냐 범사에 많으니 우선은 그들이 하나님의 말씀을 맡았음이니라 어떤 자들이 믿지 아니하였으면 어찌하리요 그 믿지 아니함이 하나님의 미쁘심을 폐하겠느냐 그럴 수 없느니라 사람은 다 거짓되되 오직 하나님은 참되시다 할지어다 기록된 바 주께서 주의 말씀에 의롭다 함을 얻으시고 판단 받으실 때에 이기려 하심이라 함과 같으니라 그러나 우리 불의가 하나님의 의를 드러나게 하면 무슨 말 하리요 [내가 사람의 말하는 대로 말하노니] 진노를 내리시는 하나님이 불의하시냐 결코 그렇지 아니하니라 만일 그러하면 하나님께서 어찌 세상을 심판하시리요 그러나 나의 거짓말로 하나님의 참되심이 더 풍성하여 그의 영광이 되었다면 어찌 내가 죄인처럼 심판을 받으리요 또는 그러면 선을 이루기 위하여 악을 행하자 하지 않겠느냐 어떤 이들이 이렇게 비방하여 우리가 이런 말을 한다고 하니 그들은 정죄 받는 것이 마땅하니라

CHAPTER 8

하나님의 신실하심을 맛보라

개들도 상처를 받는다

쉬는 날이면 가끔 'TV 동물농장'이란 프로그램을 보는데, 이것을 보다가 발견한 것이 하나 있다. 개들도 사람과 똑같이 상처를 받는다는 것이다. 언젠가 오래전에 방영된 것을 인터넷으로 본 적이 있는데, 거기에 어느 시골 골목길에 온몸에 상처를 입고 버려져 죽어가던 개의 이야기가 나왔다.

다행히 인근에 사는 노부부가 그 개를 발견하여 데려다가 지극정성으로 보살펴 죽어가던 그 개를 살려내는 고마운 일을 했다. 그러고는 그 개를 자식처럼 키우는데, 벌써 2년쯤 되었다고 한다. 주인도 사랑으로 개를 보살피고, 그 개도 새 주인을 잘 따르는 친숙한 관계가 되었는데, 문제가 하나 있었다. 그 개가 자기 몸에 손도 못대게 한다는 것이다. 주인이 만지려는 시도만 해도 깜짝 놀라서 도

망가버리니, 주인 입장에서는 얼마나 섭섭했겠는가?

나중에 전문가가 와서 그 상황을 관찰하더니, 그 개에게 깊은 상처가 있기 때문에 그런 것 같다고 분석했다. 아마 길거리에 버려졌던 때를 두고 말하는 것 같았다. 죽기 직전까지 학대를 당하고 버려졌던 트라우마 때문에, 몸에 손만 대려고 하면 그때의 공포가 떠올라 그렇게 반응한다는 것이다.

이 장면을 보면서 개도 사람과 똑같이 상처를 받는다는 사실을 알게 되었다. 그런데 차이도 있었다. 사람은 한 번 상처를 받으면 치유가 참 어려운데, 개는 사람과 달리 금방 치유가 되더라는 것이다. 전문가가 와서 주인에게 "이렇게 해봐라, 저렇게 해봐라"라고 하면서 몇 가지만 코치해주었는데, 바로 그날로 2년 동안 몸에 손도 못 대게 할 만큼 상처가 깊었던 개가 치유되어 주인이 만져도 놀라지 않는 변화가 일어났다. 그 개가 가진 문제를 파악하고 조금만 도와주니 금방 변화되는 모습이 신기하기까지 했다. 그리고 그런 개의 단순함이 부럽다는 생각도 했다.

치유와 회복이 쉽지 않은 인간

내가 로마서 3장을 묵상하다가 문득 이 장면이 떠오른 이유가 바로 이것 때문이다. 인간은 상처도 잘 받지만 받은 상처가 쉽사리 치유되지 않을뿐더러 누가 자신의 잘못을 지적해주어도 그것을 잘 수용하지 않는 약함이 있다.

그런데 개들은 그렇지 않았다. 전문가가 다른 개 한 마리를 데려와 주인과 자연스럽게 스킨십을 나누는 모습을 그 상처 입은 개에게 보여주자, 그 개는 금방 자기 행동이 잘못되었다는 것을 깨닫고 주인에게 자기 몸을 맡겼다. 이것을 보니, 개들은 적절한 지침만 주어지면 금방 자기 잘못을 깨닫고 돌이키는 것 같았다. 그래서 치유도 쉽게 일어나는 것 아닐까?

하지만 인간에게는 이런 일이 쉽게 일어나지 않는다. 인간은 누군가 약한 부분을 지적해주거나 잘하고 있는 다른 사람을 보여주면 오히려 더 큰 상처를 입고, 더 크게 반발하고, 더 거칠게 자기방어를 한다. 이것이 약한 인간이다. 그러니 상처의 치유가 얼마나 어렵겠는가?

하나님께서는 유대인들의 잘못을 지적하고 책망하시는 것을 통해 그들이 회개하고 돌아와 치유 받기를 원하시는데, 로마서 3장에 드러나 있듯이 유대인들은 회개하고 돌이키기는커녕 자기 생각의 틀에 갇혀 자기변명과 책임 전가에 급급한 태도만 보일 뿐이다. 아무런 변화가 일어나지 않고 있다.

그렇다면 방법이 없을까? 어떻게 하면 아무리 회개를 촉구해도 그 말씀을 수용하지 못하는 우리의 태도에서 탈피할 수 있을까? 어떻게 하면 '지식의 저주'에 갇혀 변명과 자기 합리화에 급급한 우리의 모습을 교정할 수 있을까? 로마서 3장 3,4절을 중심으로 하나님이 우리에게 허락하신 한 가지 대안을 살펴보자.

회복을 위한 대안, 하나님의 신실하심을 맛보는 것

로마서 3장 4절은 3절의 가상 질문에 대한 바울의 답이다.

> 어떤 자들이 믿지 아니하였으면 어찌하리요 그 믿지 아니함이 하나님의 미쁘심을 폐하겠느냐 롬 3:3

이 질문의 요지가 무엇인가 하면, 하나님께서 아무리 유대인들에게 열심과 미쁘심을 가지고 다가가신들 그들이 말씀을 거절하고 불신앙으로 외면해버리면 하나님의 열심은 아무 소용없고 무기력해질 수밖에 없지 않느냐는 것이다. 이런 가상 질문 앞에 바울은 단호하게 대답한다.

> 그럴 수 없느니라 사람은 다 거짓되되 오직 하나님은 참되시다 할지어다 … 롬 3:4

그러면서 구약의 한 구절을 인용한다.

> … 기록된 바 주께서 주의 말씀에 의롭다 함을 얻으시고 판단 받으실 때에 이기려 하심이라 함과 같으니라 롬 3:4

바울이 인용한 이 구절은 구약의 시편 51편 4절 말씀이다.

> 내가 주께만 범죄하여 주의 목전에 악을 행하였사오니 주께서 말씀
> 하실 때에 의로우시다 하고 주께서 심판하실 때에 순전하시다 하리
> 이다 시 51:4

시편 51편은 다윗이 쓴 시로, 그가 밧세바와 동침하여 임신한 사실을 숨기기 위해 그녀의 남편이자 자신의 충성스러운 신하 우리아를 죽이고도 양심의 가책을 느끼지 못하고 있을 때, 하나님이 나단 선지자를 보내셔서 준엄하게 꾸짖자 그 말씀 앞에 무너져 내려 회개가 터지면서 쓴 것이다.

바울은 왜 여기에서 시편 51편을 인용함으로 다윗을 언급했을까? 무엇을 말하고 싶은 것인가? 인간의 불성실과 불순종, 인간의 변질이 하나님의 놀라운 역사를 방해할 수 없다는 것을 말하고자 함이다. 유대인들이 존경하는 다윗은 완벽하고 훌륭한 인물이 아니라, 정욕을 이기지 못해 남의 가정을 파괴시켜버린 파렴치하고 부도덕한 인간이었다. 하지만 그런 죄악의 자리에서도 여전히 자기를 사랑하시는 신실하신 하나님을 의지하여 회개의 자리로 나아갔고, 그러자 하나님이 그를 용서하시며 하나님의 역사에 쓰임 받는 일꾼으로 써주셨다.

따라서 이 말씀으로 바울이 촉구하는 것이 무엇인가? 더 이상 고집부리며 자기변명만 늘어놓지 말고, 다윗처럼 회개하고 하나님 앞으로 나아가라는 것이다. 그러면 하나님의 신실하심을 맛보게 될

것이라고 말이다.

이 말씀을 몇 번이고 반복하여 묵상하는데, 불쑥 책 한 권이 떠올랐다. 예전에 미국에서 이민 생활을 하면서 마음고생 할 때 읽었던 《하나님의 열심》이란 책이다.

그 책에서 저자가 강조하는 것은, 성경에 나오는 아브라함이나 모세, 다윗과 같은 인물들이 위대한 것이 아니라, 그들 역시 결함 많고 연약하기 짝이 없는 존재에 불과했다는 것이다. 그렇기 때문에 그 사람들을 주목하고 떠받들 것이 아니라, 그런 초라하고 결함 많은 인간조차 다듬어 위대한 인물로 만들어 사용하시는 하나님을 바라보아야 한다는 것이다. 그 하나님의 열심이 나약한 인간들도 변화시켜 놀라운 하나님의 종으로 만들었다는 요지의 책이었다.

내가 그 책을 읽었던 당시 워낙 힘든 생활을 하고 있던 때였던지라 그 책을 통해 '나같이 이렇게 초라한 자리에서 허덕이는 인생조차 하나님의 열심이 개입되면 회복될 수 있겠구나'라는 소망에 위로를 많이 받았다.

우리는 이처럼 신실하신 하나님, 그리고 그 신실하신 하나님의 주권을 믿어야 한다. 이 믿음을 가지고, 다윗처럼 하나님께서 우리의 연약함을 지적하시며 회개를 촉구하실 때 변명하지 말고 겸손히 무릎 꿇고 회개의 자리로 나아가야 한다. 그러면 우리도 다윗이 경험했던 것처럼 용서해주시는 하나님의 긍휼하심을 맛보게 될 것이다.

신실하신 하나님의 주도하심을 경험하고 인정하라

이런 맥락에서 나는, 우리 역시도 말씀 앞에 자신을 되돌아보며 회개하는 자리로 나아가 신실하신 하나님을 경험하는 은혜를 누리기를 바라는데, 그러기 위해서 우리가 해야 할 두 가지 일이 있다.

첫째, 하나님의 신실하심을 맛보기 위해서는 신실하신 하나님의 주도하심을 경험하고 또 그것을 인정해야 한다.

우리가 회개함으로 하나님 앞에 나아가면 영적으로 깨닫게 되는 것이 하나 있다. 겉으로 보기에는 내가 내 인생을 영위하는 것 같지만, 그 배후에는 신실하신 하나님, 나를 위해 일하시는 하나님의 열심이 개입되어 있다는 것이다. 나 역시 이 사실을 깨닫고 감격했던 적이 많은데, 예를 들면 이런 것이다.

앞에서 이야기했듯이, 아픈 마음으로 여름 해외 집회와 일본 코스타 집회를 마치고 일주일쯤 지났을 때였다. 우리 교회에서 분립 개척하여 건실하게 성장하고 있는 후배 목사가 놀러왔다. 그 후배와 대화를 나누며 하나님이 지금껏 어떻게 일하셨고, 어떻게 하면 주님의 교회를 잘 세워나갈 수 있을까 이런저런 대화를 나누는데, 문득 내 마음을 스쳐 지나가는 깨달음이 있었다.

그 당시에 나는 5주간 설교를 내려놓기로 하고, 주일 예배 때 성도들에게 이런 광고를 했다.

"이제 저는 5주간 설교를 하지 않을 것입니다. 제가 설교를 내려놓는 것은 이 기간 동안 나를 돌아보고 점검하기 위해서입니다."

그리고 이틀이 지난 화요일, 전체 교역자를 모아놓고는 또 이런 이야기를 했다. 프로야구를 보면 공을 잘 던지던 투수가 갑자기 난조를 보이며 흔들릴 때가 있다. 대량 실점을 몇 차례 반복하면 감독은 그 투수를 2군으로 내려보낸다. 2군으로 내려가 기초부터 다시 점검하게 하려는 것이다. 그렇게 2군에 내려간 투수는 자신의 투구 폼부터 점검하면서 왜 이런 슬럼프가 오게 되었는지 면밀히 검토하는 시간을 가진다. 이런 시간을 갖고 다시 복귀하면 언제 그랬냐는 듯이 예전의 기량이 돌아오는 경우가 종종 있다. 나는 교역자들에게 야구 이야기를 하며 이렇게 말했다.

"내가 왜 5주간 설교를 쉬는지 아는가? 이것은 나 스스로를 2군에 내려보내는 행위이다. 담임목사인 나를 강제로 2군으로 내려보낼 수 있는 사람이 없으니 나 스스로 내려가는 것이다. 이 기간 동안 나 자신을 돌아보고 주님 앞에서 부끄러운 것은 없는지, 내 설교의 문제점은 무엇인지 점검하고 돌아오려고 한다. 그러니 나를 위해 기도해달라."

성도들과 교역자에게 이런 부탁을 하고 자신을 되돌아보는 시간을 가졌더니 하나님께서 나의 마음을 아시고 놀랍게 반응하셨다. 앞에서 나눈 것처럼, 많은 교회의 현실을 바라보게 하시고 아픔을 느끼게 하셨다. 그리고 코스타 집회에서 간절히 기도하는 중국 유학생들의 순수한 눈물을 보여주심으로 나를 각성하게 하셨고, 또 하워드 슐츠의《온워드》라는 책을 읽고 나 자신과 우리 교회를 돌아보는 시간을 갖게 하셨다. 이 모든 것이 세밀한 주님의 인도하심이었다는 것을 깨닫고 얼마나 감사했는지 모른다.

이런 깨달음이 있을 때마다 자각하는 것이 있다. 겉으로는 내가 내 인생을 설계해가는 것 같지만, 사실은 배후에서 일하시는 하나님이 계시다는 사실이다. 이 사실을 깨닫고 감격하는 것이 신앙생활의 묘미 아닌가? 이런 사실을 깨달으면 마음으로 흘러나오는 찬양이 있다.

> 전능하신 나의 주 하나님은
> 능치 못하실 일 전혀 없네
> 우리의 모든 간구도, 우리의 모든 생각도,
> 우리의 모든 꿈과 모든 소망도
>
> 신실하신 나의 주 하나님은
> 우리의 모든 괴로움 바꿀 수 있네
> 불가능한 일 행하시고 죽은 자를 일으키시니
> 그를 이길 자 아무도 없네

우리 자신의 모습을 보면 낙심밖에 없다. 우리 안에서 무슨 선한 것과 무슨 새로운 것이 나오겠는가? 결함 많은 나를 보면 비난받을 것밖에 없다. 그러나 신실하신 하나님이 이런 미천한 내 인생에 어떻게 개입하시어 신실하게 나를 이끌고 계신지를 알게 되면 마음에 용기와 자신감이 생긴다. 나의 지난날을 돌아볼 때, 하나님이 나와 교회를 얼마나 신실하게 이끌어주셨는지를 생각해보면 내 안에서 새로운 의욕이 솟아난다.

하나님은 파렴치한 짓을 저질렀던 다윗으로 하여금 결국은 회개의 자리로 나아가게 만드시고, 그를 다시 하나님의 멋진 동역자로 인도하신 분이시다. 마찬가지로 우리의 연약함을 긍휼히 여겨주시는 신실하신 하나님의 일하심이 우리 인생에 개입되면 우리에게도 회복을 향한 용기와 의욕이 생기게 된다.

오늘날 너무나 많은 크리스천이 심각한 무기력의 자리에 빠져 있다. 이런 우리 모두에게 신실하신 하나님의 은혜가 임하기를 바란다. 하나님의 신실하심을 맛보아 아는 것을 통해서 그 무기력의 자리를 박차고 일어나 새로운 용기로, 새로운 의욕으로 나아가게 되기를 바란다.

주도하시는 하나님께 내 삶을 내어 맡겨라

둘째, 우리가 하나님의 신실하심을 맛보기 위해서는 주도하시는 하나님께 내 삶을 온전히 내어 맡겨야 한다.

다윗이 위대한 것은, 하나님이 나단 선지자를 보내어 무섭게 책망하고 회개를 촉구할 때 로마서 3장의 유대인들처럼 변명하거나 책임을 회피하지 않고 온전히 회개의 자리로 나아간 것이다. 절대 권력을 가진 그가 회개를 촉구하는 나단 선지자의 말을 수용하는 대신에 그의 목을 베기로 결심했더라면 누가 그것을 막을 수 있었겠는가? 이런 점에서 나단의 그 책망을 겸손히 수용한 다윗의 태도가 귀하다.

그런데 이보다 더 귀한 것이 있다. 다윗은 회개 이후 신실하신 하나님께서 자기 인생에 개입하시도록 자기 인생을 송두리째 맡기는 태도를 보였다. 그 결과 다시는 똑같은 형태의 죄악을 반복하지 않게 되었고, 평생 놀라운 하나님의 일하심을 경험하며 살았다. 그런 그가 우리에게 권면하는 것이 무엇인가?

네 길을 여호와께 맡기라 그를 의지하면 그가 이루시고 시 37:5

네 짐을 여호와께 맡기라 그가 너를 붙드시고 의인의 요동함을 영원히 허락하지 아니하시리로다 시 55:22

아쉽게도 우리가 이것을 잘 못 한다. 로마서 3장에 나오는 유대인들처럼 하나님의 책망 앞에 회개도 잘 안 하고 변명하기 일쑤이고, 어떻게 회개했다 하더라도 그 이후 다윗이 보여준 것같이 자기 인생을 하나님께 온전히 맡기는 결단은 하지 못한다.

이 부분의 메시지를 정리하면서, 우리 삶 속에 개입하여 일하시는 하나님의 열심과 관련한 구약과 신약의 두 구절을 내내 묵상했다.

첫 번째 구절은 구약 이사야서의 말씀이다.

이는 남은 자가 예루살렘에서 나오며 피하는 자가 시온 산에서 나올 것임이라 만군의 여호와의 열심이 이를 이루시리이다 사 37:32

이 말씀의 배경을 잠깐 살펴보면, 당시 이스라엘 백성은 말로 다 할 수 없는 타락과 범죄의 길을 가고 있었다. 그런 이스라엘 백성을 향해 이사야 선지자가 저주 같은 예언을 쏟아낸다.
"너희들의 범죄함으로 이 나라는 망하게 될 것이다. 비참한 역사가 도래할 것이다."
그러나 이사야의 예언은 그렇게 무서운 선언으로 끝나지 않고, 한 마디가 덧붙여졌다.
"너희들의 범죄로 이 나라는 망하여 비참한 길로 접어들게 되겠지만, 그것이 끝이 아니다. 다시 회복될 것이다. 우리같이 타락하고 변질된 인생조차 끝까지 사랑하시는 하나님의 열심으로 이 일이 가능해질 것이다."
이것이 이사야서 37장 32절의 내용이다. 여기서 '하나님의 열심'이란 표현이 등장한다.
내가 묵상한 또 다른 한 구절은 신약의 고린도후서 말씀이다.

내가 하나님의 열심으로 너희를 위하여 열심을 내노니 내가 너희를

정결한 처녀로 한 남편인 그리스도께 드리려고 중매함이로다

고후 11:2

우리는 바울이 얼마나 대단한 열심과 열정으로 하나님의 교회와 성도를 섬겼는지 안다. 그런데 바울은 뭐라고 고백하는가?

"내가 이렇게 놀라운 열심을 낼 수 있었던 까닭은 신실하신 하나님의 열심이 내 안에 있었기 때문이다."

정말 너무 멋있는 고백이다. 나에게는 꿈이 하나 있다. 내 인생이 끝나는 날 자녀들을 모아놓고 바울과 같이 고백하고 싶다.

"너희들도 알다시피 이 아버지가 시시한 인생을 살지는 않았다. 그런데 이 아버지의 열심이 어디서 나왔는지 아니? 내 안에서 일하시는 신실하신 하나님, 그 하나님의 열심이 나를 이렇게 열심히 살게 했다. 너희들도 아버지가 걸어간 그 길, 하나님의 은혜를 마음껏 누리고 사는 그런 삶을 살았으면 좋겠구나."

내가 세상을 떠날 때 우리 아이들에게 꼭 이렇게 고백하며 떠날 수 있다면 좋겠다.

그러기 위해선 바울에게서 배워야 할 것이 있다. 먼저 회개를 배워야 한다. 어떤 초라한 자리에 빠졌을지라도 우리를 용납해주시는 하나님 앞에 나아와 회개해야 한다. 그리고 또 하나, 회개에서 멈추지 말고 끝끝내 우리를 회복시키시는 하나님 앞에 내 인생의 전부를 맡겨야 한다.

다메섹 도상에서 자기 인생에 개입하신 예수 그리스도를 만난 이후, 바울은 세상에 발 하나 담그고 하나님께 다른 발 하나 담근 채 살아가지 않았다. 그는 하나님께 자기 인생을 송두리째 맡기고 위탁했다. 그랬기 때문에 '하나님의 열심'이 그의 열심이 되는 삶을 살 수 있었던 것이다.

의탁할 때 인도함을 받는다

나는 목사의 아들로 태어났다. 그럼에도 불구하고 이십 대 초반까지 하나님을 제대로 경배한 적이 별로 없었다. 중등부 때를 떠올려보면, 내가 짝사랑하던 여학생 뒷모습이나 바라보며 예배를 드렸던 것 같다.

그러다 이십 대 초반에 미국 시카고에서 인생의 밑바닥을 경험했다. 그때 내 인생을 향한 하나님의 본격적인 개입하심이 시작됐던 것 같다. 너무나 초라한 자리에서 뒹굴던 나를 만나주신 하나님의 은혜가 너무 커서 이십 대 마지막 해에 '이제 내 남은 인생을 주님을 위해 살아야겠다. 한국으로 돌아가서 청소년들을 섬기는 목사가 되어야겠다'라고 결단하고는 미국 생활을 모두 정리하고 한국으로 돌아왔다.

이전에 출간한 저서에서도 이미 고백했지만, 그때 나는 정말 무모한 선택을 했었다. 하나님의 개입하심을 모르는 사람이라면 너무 충동적인 결정이라고 생각했을 것이다. 나의 무모함이 어느 정도였

냐면, 귀국하기로 결정은 했지만 당시 국제공항이었던 김포공항에 내린 이후에는 어떻게 할지에 대한 대책이 전혀 세워져 있지 않았다. 무엇보다도 서울에 아는 사람 한 명 없고 머물 곳도 없었다. 그러다 보니 결혼하고 서울에서 단칸방 생활을 하던 친구에게 공항으로 마중을 나와 달라고 부탁할 수밖에 없었다.

착한 친구는 아내와 함께 공항으로 나와주었다. 커다란 이민 가방 두 개를 들고 서 있는 내게 친구가 물었다.

"너 잠은 어디서 자니? 어디로 가니?"

그래서 내가 대답했다.

"잠? 너희 집에서."

그러자 친구는 엄청 당황했다. 그런데 어떻게 하겠는가? 잘 데가 없다는데. 신혼이던 친구의 단칸방으로 가서 열흘 가까이 지냈다. 지금 생각해보면 철이 없는 정도가 아니라 제정신이 아니었던 것 같다.

교단을 선택할 때도 대책이 없긴 마찬가지였다. 나의 아버지는 고신 교단 출신의 목회자셨는데 나는 총신에 들어갔다. 고신 교단으로 갔으면 아버지의 후배들이 많으니 한결 편안하게 신학을 했을지도 모른다. 그런데 아는 사람 한 명 없는 총신으로 가서 낯설고 외로운 시간을 보냈다.

그런데 '하나님의 열심'에 관한 말씀을 묵상하며 내 지난 세월을 돌아보니 가슴이 벅차올랐다. 그렇게 아무 대책 없이 시작한 한국에서의 생활인데, 서른 살부터 오늘에 이르기까지 내 인생은 자로 잰 듯이 정확하여 한 치의 오차도 없었다.

이것이 어떻게 가능했을까? 비록 이십 대 후반의 철없는 나이였지만, 그 당시 나에게는 순수한 믿음이 있었다.

'하나님이 나를 살려주셨고, 그 하나님이 내게 소명을 주셨는데 계산하지 말고 하나님만 믿고 나아가자!'

이 결단으로 하나님께 내 인생을 전적으로 위탁한 것이다. 그리고 고백한 것처럼 신실하신 하나님의 일하심을 오늘에 이르기까지 경험했다.

기왕 예수 믿고 신앙생활 하는데, 우리가 이런 신실하신 하나님을 경험해야 하지 않겠는가? '지식의 저주'를 내려놓고 신실하신 하나님을 붙잡아야 한다.

거듭 촉구한다. 이 신실하신 하나님을 경험하기 위해서는 하나님의 영역에서 벗어난 불신을 회개해야 한다. 하나님의 신실하심을 맛보기 위한 필수 조건인 회개의 역사가 일어나야 한다. 하나님 없이, 예수 그리스도의 십자가 복음 없이 영위해왔던 지난 시간을 회개해야 한다.

그리고 주님 앞으로 돌아가 신실하신 하나님께 내 인생을 온전히 맡겨야 한다. 그럴 때 하나님이 우리의 삶에 놀랍도록 섬세하게 개입하셔서 역사하실 것이다. 내가 그 산 증인이다.

예배의 첫 단추를 잘 끼우자

그리고 진정한 회복을 원한다면 그 첫 단추가 예배의 회복임을 기억해야 한다. 다시 예배에 목숨을 걸어야 한다. 우리가 삶 속에서 역사하시는 신실하신 하나님을 경험하기 위해서는 제일 먼저 예배가 회복되어야 한다.

내가 청소년 사역을 할 때 주변의 과장된 평가가 많았다. "이찬수 목사는 한국 청소년계를 대표하는 목회자"라거나 "청소년의 아버지"라는 찬사들이 있었는데, 이런 평가들은 다 과장된 것들이다. 사실 나는 청소년을 잘 모른다. 그때도 잘 몰랐고, 지금도 잘 모른다. 청소년을 위해 한 일도 별로 없다. 그러나 내가 청소년 사역을 하는 10년 동안 했던 것이 딱 하나 있다. 아이들과 더불어 목숨 걸고 예배를 드린 것이다. 이것이 아이들의 인생을 변하게 했고, 내 인생도 변하게 했다.

음란한 이 시대에 아이들을 지킬 수 있는 길은 오직 예배뿐이다. 왜 그런가? 하나님의 자녀 된 자기 신분을 확인하고 하나님이 힘 주시는 것을 맛보아, 세상에 나가서 '내가 음란한 세상에 맞서 싸워보겠다'라고 하는 동력을 제공하는 것이 예배이기 때문이다.

청소년 사역을 하던 그때, 예배 한 번 잘 드려서 자살 충동을 느끼던 아이가 회복되고, 가출을 일삼으며 혼미한 삶을 살던 아이가 정신을 차리고 돌아오는 일들이 무수히 많이 일어났다. 그 10년 동안 나와 함께했던 4,5천 명의 제자들이 지금 세계 곳곳에서 주님께 그 삶을 맡긴 채 주님께 쓰임 받을 준비를 하고 있다. 어떻게든 예배가 살아야 한다. 다시 예배를 살려내야 한다!

예배의 회복을 위해 지금 당장 선행해야 하는 일이 두 가지 있다.

하나는, 예배를 사모하는 마음을 회복하는 것이다. 기대하는 마음 없이 예배를 드리면 아무 소용이 없다. 예배를 사모해야 한다. 예배 가운데 부어주실 하나님의 은혜를 사모해야 한다.

내가 중등부 사역을 할 때 토요일만 되면 나에게 메일을 보내던 아이들이 있었다.

"목사님, 왜 이렇게 시간이 안 갈까요? 빨리 오늘 밤이 지나야 예배를 드릴 수 있는데 말이에요!"

그 어린 청소년들이 예배를 기대하고, 예배에 온 마음을 드리고, 예배에 온 정성을 기울이자 아이들 삶에 변화가 일어나기 시작했다. 청소년 사역 10년 동안 그것을 많이 목격했다. 우리도 마찬가지다. 예배에 기대감을 가지고 몰두해야 한다.

또 하나는, 예배에 지각하지 않기로 결단하는 것이다. 분당우리교회에서도 몇 년째 예배에 지각 안 하기 캠페인을 지속적으로 펼치고 있다. 지각하지 않는 것은 온전한 예배를 위한 가장 기본적인 실천사항이다. 지각하여 헐레벌떡 뛰어 들어와 겨우 자리에 앉아서는 예배에 집중하는 것이 쉽지 않다.

우리는 예배의 회복을 통하여 유대인들이 머물렀던 변명과 책임 전가에만 급급한 그 자리에서 일어나 나와야 한다. 그리고 하나님의 신실하심에 의지하여 이렇게 고백해야 한다.

"오늘도 내 삶에 개입하시어 일하시는 하나님, 제가 하나님의 신실하심을 맛보아 알기를 원합니다!"

주님의 신실하심을 경험할 때, 그리고 그 신실하신 주님께 우리의 삶을 온전히 맡길 때 우리의 삶이 변화된다.

나는 한국의 모든 교회가, 또 교회의 모든 성도가 하나님의 임재와 일하심을 경험함으로 그 심령이 변화되고, 가정이 회복되고, 혼미한 시대를 살아가는 자녀들이 다시 주님 앞으로 돌아오는 놀라운 역사를 맛보게 되기를 바란다. 우리 하나님께는 능치 못하시는 일이 없다. 그 하나님의 신실하심을 바라보게 되기 바란다.

로마서 3:1-8

그런즉 유대인의 나음이 무엇이며 할례의 유익이 무엇이냐 범사에 많으니 우선은 그들이 하나님의 말씀을 맡았음이니라 어떤 자들이 믿지 아니하였으면 어찌하리요 그 믿지 아니함이 하나님의 미쁘심을 폐하겠느냐 그럴 수 없느니라 사람은 다 거짓되되 오직 하나님은 참되시다 할지어다 기록된 바 주께서 주의 말씀에 의롭다 함을 얻으시고 판단 받으실 때에 이기려 하심이라 함과 같으니라 그러나 우리 불의가 하나님의 의를 드러나게 하면 무슨 말 하리요 [내가 사람의 말하는 대로 말하노니] 진노를 내리시는 하나님이 불의하시냐 결코 그렇지 아니하니라 만일 그러하면 하나님께서 어찌 세상을 심판하시리요 그러나 나의 거짓말로 하나님의 참되심이 더 풍성하여 그의 영광이 되었다면 어찌 내가 죄인처럼 심판을 받으리요 또는 그러면 선을 이루기 위하여 악을 행하자 하지 않겠느냐 어떤 이들이 이렇게 비방하여 우리가 이런 말을 한다고 하니 그들은 정죄 받는 것이 마땅하니라

CHAPTER 9

말씀을 지켜내는 삶

말씀을 읽는 사람이 드물다

미국에서 목회하시는 목사님이 쓰신 《다시, 일어남》이란 책을 읽다가 저자가 겪었던 흥미로운 에피소드를 보았다. 요즘 우리나라도 그렇지만, 미국에서 스타벅스 같은 카페는 커피만 마시는 장소가 아니라 많은 젊은이들이 그곳에서 공부도 하고, 노트북을 켜놓고 영화를 보거나 책을 읽기도 하는 문화 공간으로 많이 활용한다. 저자도 그랬던 것 같다.

종종 카페에서 성경을 읽거나 설교 준비를 하곤 했는데, 그날도 카페에서 성경을 읽고 있었다고 한다. 그런데 어느 날, 나이가 지긋하신 미국 노신사가 다가오더니 이렇게 물으시더란다.

"지금 읽고 있는 것이 성경 맞습니까?"

"맞다"고 대답하자 갑자기 그 분의 눈에 눈물이 그렁그렁하게 맺

히더니 성경 읽고 있던 그 목사님의 손을 꽉 잡으면서 "고맙습니다. 고맙습니다"라고 연발하며 인사를 하시더라는 것이다. 그러면서 목사님의 손에 무엇인가를 하나 꼭 쥐어 주는데 보니까 100달러짜리 지폐였다고 한다. 성경 읽는 사람을 만난 것이 얼마나 기쁘고 반가웠으면, 그 노신사가 이런 반응을 보였겠는가?

미주 집회를 위해 미국으로 가는 비행기 안에서 이 글을 읽었는데, 당시 이민교회 안의 이런저런 아픔과 무기력한 모습을 보면서 마음 아파하고 있던 때라 이 글이 더욱 남다르게 내게 다가왔다.

이민교회든, 한국교회든 이 시대의 교회에는 왜 이렇게 아픔이 많을까? 어쩌다가 교회가 세상의 천덕꾸러기 같은 존재가 되어버렸을까? 나는 교회가 무기력하고 변질의 길로 접어드는 근본적인 원인과 그 답이 이 노신사의 그렁그렁한 눈물 속에 있다는 생각이 들었다.

얼마나 성경을 읽는 사람을 보기가 어려웠으면, 카페에서 성경을 읽고 있던 그 동양인 젊은 목사를 보고 가슴이 뜨거워져 눈물 그렁그렁하여 고맙다는 인사와 함께 100달러짜리 지폐를 건넸을까? 그 어른의 심정이 오늘 우리를 향하신 하나님의 마음은 아닐까?

말씀 맡은 특권을 소홀히 함

우리는 지금 세 장에 걸쳐서 로마서 3장 1-8절에서 바울이 디아트리베 수사법을 사용하여 유대인들이 제기할 수 있는 세 가지 항변성 질문에 관해 살펴보고 있는데, 이번 장에서는 첫 번째 가상 질문과 그에 대한 바울의 대답에 담긴 한 가지 중요한 포인트를 집중적으로 살펴보려고 한다.

그런즉 유대인의 나음이 무엇이며 할례의 유익이 무엇이냐 롬 3:1

이 질문은 이미 살펴본 것처럼 "바울 당신이 로마서 2장에서 유대인의 문제를 신랄하게 지적했는데, 그렇다면 유대인이 이방인에 비해 나은 것이 아무것도 없다는 말씀입니까?"라는 뜻이다.
이 질문에 바울은 이렇게 대답한다.

범사에 많으니 우선은 그들이 하나님의 말씀을 맡았음이니라 롬 3:2

이 답의 뜻은 무엇인가? 바울은 이렇게 대답하는 것이다.
"유대인들이 가진 특권이 많다. 그 많은 특권 중에서 특히 말씀을 맡은 특권이 소중하다."
로마서 9장을 보면 바울은 유대인들이 가진 특권을 이렇게 열거한다.

그들은 이스라엘 사람이라 그들에게는 양자 됨과 영광과 언약들과 율법을 세우신 것과 예배와 약속들이 있고 조상들도 그들의 것이요

> 육신으로 하면 그리스도가 그들에게서 나셨으니… 롬 9:4,5

유대인들에게 주어진 특권이 이렇게 많은데, 본문에 보면 이 많은 특권 중에서 '말씀을 맡은 역할'이 가장 소중하다는 것이다.

나는 이 말씀의 행간에 담긴 바울의 마음이 이렇게 읽혔다.

'너희 유대인들에게 말씀을 지키고 전수하는 소중한 특권을 주었는데, 이것을 소홀히 하여 너희가 이런 타락과 변질의 길로 나아간 것이 아니냐?'

하나님의 말씀보다 사람의 말에 더 귀 기울일 때

바울의 이 마음이 읽히면서 문득 이 말씀이 떠올랐다.

> 모세에게 이르되 당신이 우리에게 말씀하소서 우리가 들으리이다 하나님이 우리에게 말씀하시지 말게 하소서 우리가 죽을까 하나이다 출 20:19

물론 이 말씀은 하나님을 직접 대면하면 죽을지도 모른다는 두려움에서 나온 것이지만, 이 말씀 속에 하나님의 말씀 듣는 것을 원치 않고 모세를 지나치게 의지하는 이스라엘 백성의 심리 상태가 반영되어 있지 않은가?

"우리는 하나님의 말씀을 직접 듣는 것을 원하지 않는다. 모세

당신이 대신 전해달라."

이런 모습은 오늘날에도 쉽게 발견할 수 있는 것 아닌가? 그리고 이런 태도야말로 오늘날 교회와 성도가 가지고 있는 치명적인 약점이요 오류 아닌가? 이 말씀을 읽는데 이런 생각이 들었다.

알다시피 출애굽하여 홍해를 건너는 것으로 시작된 이스라엘 백성의 여정의 목적지는 가나안 땅이었다. 그런데 출발부터 강력한 지도자로 이스라엘 백성을 인도했던 모세는 그 역할을 끝까지 감당하지 못하고 도중에 모압에서 그 생명이 다함으로 세상을 떠난다. 하나님은 왜 모세가 그토록 바라던 목적지인 가나안 땅에 들어가는 것을 허락하지 않으셨을까? 왜 모세가 끝까지 지도자의 역할을 감당하는 것을 허락하지 않으셨을까?

모세의 죽음을 자세히 묘사한 신명기를 보면 이렇게 기록하고 있다.

> 벳브올 맞은편 모압 땅에 있는 골짜기에 장사되었고 오늘까지 그의 묻힌 곳을 아는 자가 없느니라 모세가 죽을 때 나이 백이십 세였으나 그의 눈이 흐리지 아니하였고 기력이 쇠하지 아니하였더라
>
> 신 34:6,7

모세는 죽기 직전, 늙어서 더 이상 힘도 없고 눈도 침침하고 기력이 쇠하여 어쩔 수 없이 리더의 자리에서 내려온 것이 아니라, 여전

히 눈도 흐리지 않고 기력이 쇠하지 않은 상태였다. 그런데 이것을 왜 여기에 기록했을까? 하나님께서는 여전히 기력이 쇠하지 않은 모세를 왜 데려가셨을까?

심지어 신명기 34장 4절에는 이런 말씀이 있다.

> 여호와께서 그에게 이르시되 이는 내가 아브라함과 이삭과 야곱에게 맹세하여 그의 후손에게 주리라 한 땅이라 내가 네 눈으로 보게 하였거니와 너는 그리로 건너가지 못하리라 하시매 신 34:4

철저한 하나님의 뜻과 계획 속에서 모세의 중도 하차가 일어났다는 것이다.

하나님께서 이렇게 하신 이유에 대해 이런저런 답변을 할 수 있겠지만, 나는 출애굽기 20장 19절에서 볼 수 있듯이 지나치게 모세를 의지했던 백성의 태도 속에서 그 답을 찾는다. 하나님께서는 이스라엘 백성이 하나님보다 모세를 의지하고, 하나님의 말씀을 귀히 여기지 않으며 모세를 통해서 전해지는 말씀만 듣기를 원하는 것을 기뻐하지 않으셨다. 그래서 모세를 중도 하차시키고 전혀 경험이 없는 젊은 여호수아를 모세의 후계자로 세우셨다. 하나님께서는 이런 메시지를 전하고 싶으셨던 것이 아닐까?

'인간 지도자를 지나치게 의존하지 말거라. 지도자가 경험이 없어도, 아무리 어리고 미숙하여도 여호와 하나님이 계시니 이 여정은 전혀 지장 받지 않는다. 그리고 누가 지도자로 세움 받느냐는 중요한 것이 아니다. 그러니 어떤 인물이 지도자로 세워지든 하나님의 일은 차질이 생기지 않는다. 이 사실을 기억하고 지나치게 인간 지도자를 의지하는 것을 경계해라.'

설교의 홍수에 휩쓸리지 말라

이 말씀으로 설교를 전하면서 나는 농담 반 진담 반으로 우리 교회 성도들에게 이런 부탁을 한 적이 있다.

"여러분, 저는 오래 살고 싶습니다. 모압에서 죽고 싶지 않습니다. 그리고 분당우리교회에서 오래 목회하고 싶습니다. 그러니 여러분이 저를 도와주셔야 합니다. 여러분이 제 설교에만 귀를 기울이고 하나님의 말씀을 직접 듣지 않으신다면, 인간 이찬수 목사가 전하는 말씀에만 주목하고 하나님의 말씀은 외면하신다면 저는 이곳에서 오래 사역할 수 없을 것입니다."

내가 농담처럼 이야기했지만 농담이 아니다. 지금 한국교회의 치명적인 문제가 바로 이것 아닌가? 하나님의 말씀에 관심이 없다. 그저 사람의 입술에서 흘러나오는 설교에만 귀를 기울인다. 인터넷에 들어가보라. 설교 홍수의 시대이다. 출애굽 과정에서 볼 수 있었던 지도자 교체의 과정을 생각한다면 이런 현상은 위험할 수 있다.

거듭 강조하지만, 목회자의 설교보다 중요한 것은 성경이다. 우리 손에 성경이 들려야 한다. 종교개혁이 왜 일어났는가? 당시 중세 가톨릭이 타락하여 성도들은 직접 성경을 볼 수 없게 성경 번역도 하지 않고, 성직자를 통해서만 하나님의 말씀을 대면할 수 있게 했다. 그러면서 교황의 권위를 성경과 같은 반열에 올려놓자, 루터와 같은 종교개혁자들이 목숨을 걸고 항거하여 들고 일어난 것 아닌가? 그 덕분에 지금 우리 손에 우리말로 된 성경책이 주어진 것이다.

그러면 뼈아픈 질문을 하나 던져보자. 그렇게 해서 종교개혁이 일어났는데, 오늘날 우리 개신교 신자들이 가톨릭 신자들보다 성경을 더 많이 읽는가? 쉽사리 "그렇다"라고 자신 있게 대답하지 못할 것 같다.

예전에 청소년 사역을 할 때의 일이다. 예배드리며 찬양할 때, 특히 수련회나 특별 집회 때 찬양 시간이면 중고등학생 아이들이 다 뒤집어진다. 목이 쉬도록 소리를 높여 눈물을 줄줄 흘리며 찬양한다. 그리고 설교를 마치고 통성기도를 시켜보면 그 어린 학생들이 데굴데굴 구르며 가슴을 치며 회개한다. "예수님, 사랑합니다!"라고 큰 소리를 지르며 격해진 감정을 어쩔 줄 몰라 한다. 그 모습이 너무나 귀하고 아름답지만 문제가 하나 있다. 청소년들이 이런 뜨거운 찬양과 기도는 드리지만 성경을 너무 모른다는 것이다. 그러니 당연히 예수님이 누구신지 잘 알지 못한다.

"네가 예수님을 그렇게 사랑한다고 고백했는데, 예수님이 누구인지 아니?"

이런 질문을 던지면 대부분의 아이가 당황한다. 사실은 예수님이 누구신지 잘 알지 못하기 때문이다. 장례식장에 가서 밤새 울며 곡을 하다가 새벽에 동이 트니까 "그런데 누가 죽었지?"라고 하는 꼴이다.

요즘 크리스천들이 성경을 안 읽어도 너무 안 읽어서 그 모습을 루터가 내려다본다면 가슴을 치며 답답해할 것 같다. '내가 이러자고 목숨을 걸고 종교개혁을 했나?'라면서.

오늘날 우리는 말씀을 소홀히 하다가 타락하고 변질한 유대인의 모습을 그대로 답습하고 있다. 그래서 너무나 많은 부작용이 일어나고 있다. 여기에서는 그중에서 가장 치명적인 부작용 두 가지만 나눠보자.

기준을 무너뜨렸다

첫째, 우리가 말씀을 소홀히 한 부작용으로 기준이 없는 혼미한 세상이 되어버렸다.

언젠가 내가 설교를 하면서 독수리가 40세가 되면 극심한 고통을 참아내며 발톱과 부리를 스스로 뽑아내고 새로운 발톱과 부리로 새로운 삶을 산다는 예화를 든 적이 있다. 그런데 설교 후에 그 예화가 완전히 잘못된 것이라는 메일이 왔다. 그러면서 다른 칼럼을 소개해주었는데, 그 칼럼의 작성자는 예화의 내용과 독수리의 실제 특성이 전혀 다르다는 사실을 조목조목 설명하고 있었다. 그러면서 덧붙이기를, 이 내용은 자기가 서울대공원 동물원의 맹금류 사육자에게 직접 전화를 걸어 확인했다는 것이다.

그 사실을 확인한 나는 주일 설교 때 성도들에게 공식적으로 사과했다. 그 예화는 잘못 인용된 것이라고 시인하면서.

메일을 보내주신 분과 나의 결정적인 차이가 무엇인가? 내가 읽었던 예화는 그럴듯했지만 사실은 정확한 근거를 바탕에 두지 않았다. 여기에 반해 내게 메일을 보내주신 분은 서울대공원 맹금류 전문가에게 확인하는 과정을 통해 정확한 근거를 갖고 있다는 확신과 자신감이 있었다. 바로 이 차이가 나로 하여금 공식적으로 사과하게 만들었다.

이것이 무엇을 말하는가? 인간이 하는 설교에는 오류가 있을 수 있다는 것이다. 설교자인 나 자신부터가 이 사실을 깊이 인식하고 있다. 그러므로 우리는 설교보다 직접 성경을 읽는 일에 더욱 마음을 기울여야 한다. 성경에 성경 말씀이 가진 순기능을 밝히는 대목이 얼마나 많은가? 시편 119편도 그중의 하나이다.

> 주의 말씀은 내 발에 등이요 내 길에 빛이니이다 시 119:105

하나님께서는 이런 소중한 말씀을 우리에게 주셔서 성경이 우리 삶의 기준이 되어야 함을 알려주셨다. 그런데 불행하게도 우리는 성경을 가까이 하지 않음으로 그 기준을 무너뜨려버렸다.

기준 없는 세상의 혼미함

성경이 기준이 된다는 사실을 부정해버리고 말씀을 외면하면서 이 시대에 나타난 혼란과 혼미함을 보라. 2015년 6월 미국 연방대법원은 동성결혼의 합헌을 결정했다. 그 이후 미국 사회는 혼미함 그 자체이다.

예를 들어, 연방대법원의 동성결혼 합헌 판정 이후 비슷한 요구들이 잇따르고 있다고 하는데, 그중에 하나가 소아성애자들의 성적 취향을 존중해달라는 요구이다. 기가 막힌 이야기 아닌가? 또 일부다처제를 합법으로 인정해달라는 요구도 늘고 있다고 한다. 실제로 미국 유타주에서는 법원의 판례를 통해 일부다처제가 가능한 분위기가 형성되고 있다고 한다.

그래서 동성결혼 합헌 결정 이후 "미국은 이제 정신적으로 끝났다"라는 위기의식이 팽배해졌다. 청교도 정신으로 시작한 미국이 어쩌다가 이렇게 되었는가?

더 참담한 예가 있다. 몇 해 전 태국에서는 동성애 남성 세 명이 결혼을 하는 일이 벌어졌다. "남자 둘도 결혼하는데 셋은 왜 못하는가?"라며 삼각 결혼을 단행한 이들은 영원한 사랑을 맹세했단다.

지금 세상이 어떻게 돌아가고 있는가? 기준이 무너져내리자 온통 혼미한 일들이 줄줄이 일어나고 있다. 이제 우리 아이들의 교육은 어떻게 시켜야 하는가? 가정에 대해, 가치에 대해 무엇이라고 설명해주어야 하는가? 이것은 결코 남의 일이 아니다.

> 나의 발걸음을 주의 말씀에 굳게 세우시고 어떤 죄악도 나를 주관하지 못하게 하소서 시 119:133

주님의 말씀이 우리 삶의 중심을 세우는 기준임을 기억해야 하는데, 그 기준이 무너졌으니 온 세상이 기준 없이 흔들리는 현실이 된 것이다. 우리 인생도 마찬가지다. 우리 삶이 왜 이렇게까지 혼미하게 되었는지, 우리 가정이, 내 개인의 삶이 왜 이렇게 캄캄해져버렸는지 그 이유가 분명하지 않은가? 카페에서 성경을 읽고 있던 동양의 젊은이를 보고 눈물이 그렁그렁하여 100달러짜리 지폐까지 쥐여 주던 미국의 현실이, 또 그에 영향 받은 대한민국의 현실이 오늘날 세상을 이렇게 혼미한 상태에 빠뜨린 것 아닌가?

"모세여 당신이 우리에게 말씀하소서. 우리 하나님의 말씀은 안 듣겠나이다."

오늘 우리가 이렇게 혼미한 이유가 바로 여기에 있다.

삶 가운데 말씀의 능력을 경험하지 못한다

둘째, 우리가 말씀을 소홀히 하다가 겪는 또 하나의 부작용은 말씀이 제공하는 '삶 속에서의 능력'을 경험하지 못한다는 것이다.

지금 세상은 온통 영적 전쟁 중이다. 그리스도인으로 사는 것이 왜 이렇게 힘든지 아는가? 목회가 왜 이렇게 힘든지 아는가? 우리를 무너뜨리려는 악한 사탄의 궤계와 공격이 있기 때문이다.

나도 예외가 아니다. 사탄은 담임목사를 공격하여 무너뜨리면 얼마나 많은 사람을 혼미케 할 수 있는지 너무나 잘 안다. 그러니 내게도 얼마나 공격이 많겠는가? 외부에서 오는 공격은 그래도 견디기 쉽다. 정말 어려운 것은 나의 내면에서 오는 공격이다. 나의 약점을 정확하게 파악하고 찾아오는 내면의 유혹과 공격은 참으로 집요하고도 무섭다. 예를 들면 이런 것이다. 간혹 타 교회에서 말씀을 전해달라는 요청이 있어서 차를 몰고 가다 보면, 사탄이 나를 참소할 때가 있다.

'그 강단이 어떤 강단인데 네까짓 게 뭐라고 거기에서 설교를 한다는 거야? 네가 그럴 자격이 있어? 사람들이 너를 모르니 네 설교 듣겠다고 앉아 있는 거지, 너에게 들키지 않은 수많은 죄가 있다는 사실을 안다면 누가 네 설교를 들으려고 하겠어?'

사탄이 내 양심을 충동질하여 이렇게 고소한다. 안타깝게도 나를 향한 사탄의 고소가 다 맞는 이야기다. 맞다. 사탄의 고소대로 나는 강단에 설 만큼 거룩한 존재가 아니다. 크고 작은 죄를 많이 지은 죄인이다.

그러면 어떻게 해야 하는가? 설교하러 가다가 사탄이 내 죄를 깨닫게 해주었으니 나를 초대한 교회 목사님에게 전화를 걸어 "목사님, 아무래도 이번 부흥회는 취소해야겠습니다"라고 해야 하는가? 그러면 부흥회 준비 다하고 기다리던 그 교회는 얼마나 당황스럽겠는가? "왜 그러세요? 무슨 일 있으세요? 사고라도 났나요?"라고 당황하여 물을 때 "아, 사탄이 제게 강단에 서지 말라고 하네요. 제가 그럴 자격이 없다고요"라고 할 수 있는가?

이런 이유로 집회를 취소하는 것은 말도 안 된다. 나는 이런 이유로 집회를 취소해본 적이 단 한 번도 없다. 왜냐하면 사탄이 나를 공격할 때 내게도 그에 응수하는 무기가 있기 때문이다. 나는 이 말씀을 가지고 응수한다.

> 그러므로 이제 그리스도 예수 안에 있는 자에게는 결코 정죄함이 없나니 **롬 8:1**

내가 지금까지 죄 지은 적이 한 번도 없기 때문에 정죄함이 없다고 말하는 것이 아니다. 내게 정죄함이 없다고 선포하는 근거는 이 말씀에 있다.

> 이는 그리스도 예수 안에 있는 생명의 성령의 법이 죄와 사망의 법에서 너를 해방하였음이라 **롬 8:2**

나는 사탄이 지적한 대로 목회자로서 부족한 것이 많은 사람이다. 그러나 사탄은 나를 참소할 수 없다. 왜냐하면 나 같은 인생에게도 긍휼의 은혜를 베푸신 주님이 십자가 보혈의 은혜로 구원해주셔서 의롭지 않은 나를 의로운 자리로 인도하셨으니, 그 은혜를 힘입어 설교하는 것이다.

"네가 알고 있는 나의 그 모든 죄악을 우리 하나님도 다 아시지만 이 말씀에 의지하여 나아가는 나를 긍휼히 여기시고 새로운 피조물로 만들어주셨으니, 너는 더 이상 나를 참소하지 못한다. 날 위해 십자가 지신 예수 그리스도 이름을 의지하여 명하노니 나를 혼미하게 하는 악한 사탄은 떠나갈지어다."

나는 사탄에게 입술을 벌려 이렇게 응수한다. 고래고래 소리를 지를 필요도 없다. 말씀의 근거를 가지고 나지막이 속삭이면 내 안에 자유와 평화, 그리고 용서 받은 자의 기쁨과 감격이 넘친다. 이것이 일상생활 속에서 경험하는 능력 아니겠는가? 이처럼 말씀에 능력이 있다.

내가 강조하고 싶은 것은 삶 속에서 나타나는 말씀의 능력을 많이 경험해야 한다는 것이다. 아무리 대단한 믿음을 소유했다 하더라도 삶 속에서 말씀의 능력이 나타나지 않는다면 무슨 소용이 있겠는가?

응수할 말씀의 무기가 없다

만약에 북한이 서울을 향해 스커드 미사일을 쏘면 우리 국군은 바로 패트리어트 미사일로 응수한다. 불철주야 레이더망으로 살피다가 적의 공격이 감지되면 주저 없이 패트리어트 미사일을 발사하여 스커드 미사일이 서울 땅에 도달하기 전에 공중에서 그것을 폭파

시켜버린다.

이것은 영적으로도 마찬가지다. 우리에게는 사탄이 우리를 공격할 때 응수할 수 있는 무기가 있다. 하나님의 말씀이 그것이다. 사탄이 우리를 공격한다면 우리는 말씀의 미사일로 응수해야 한다. 이런 면으로 생각해보면 현실적인 비극이 감지된다. 사탄이 영적인 미사일 공격을 퍼붓고 있는데, 우리에게 응수할 무기가 없다. 성경을 안 읽으니 아는 말씀이 없어서 대응을 못 한다. 그러다 보니 사탄의 공격 앞에 무기력하게 넘어질 때가 얼마나 많은가? 오늘날 많은 크리스천이 영적으로 무기력한 모습으로 살 수밖에 없는 근본적인 원인이 여기에 있다고 생각한다.

앞에서도 언급했지만, 우리 교회에서 담임목사인 나보다 마귀의 공격을 많이 받는 사람은 없을 것이다. 그런데 그때마다 내가 넘어져서 목회가 흔들린다면 우리 성도들이 얼마나 불안하겠는가? 한 주가 멀다 하고 설교도 못하고 "오늘도 담임목사님이 마귀의 공격에 맞서서 쓰러져 있습니다. 기도 부탁드립니다"라는 광고만 전해진다면 교회가 얼마나 혼미하겠는가?

그러나 개척하고 지금까지 내 영혼에 쏟아대는 사탄의 공격에 무너져 설교를 못 한 적이 단 한 번도 없다. 내 안에 담긴 말씀의 무기로 응수하기 때문이다. 내가 그 무기를 사용할 때 나를 긍휼히 여기시는 성령께서 힘을 더해주시기 때문이다.

말씀의 무기를 장착하라

우리에게 말씀의 무기가 필요하다. 고린도후서 6장에 보면 사탄의 공격에 응수할 수 있는 의의 무기가 말씀이라고 분명히 가르치고 있다.

> 진리의 말씀과 하나님의 능력으로 의의 무기를 좌우에 가지고
> 고후 6:7

거듭 강조하지만, 성경을 가까이해야 하고 성경을 읽어야 한다. 우리 윗대 어른들이 강조했던 "No Bible, No Breakfast" 혹은 "No Bible, No Bed"의 정신이 살아나야 한다. 또 말씀을 암송해야 한다. 마귀의 공격에 대응할 수 있는 가장 강력한 무기가 암송한 말씀이다. 여건이 허락된다면 성경을 필사하는 것도 좋다. 몇 년 전에 우리 교회에서 성경 필사 운동을 펼쳤던 적이 있다. 그때 한 집사님은 성경을 필사하자는 담임목사의 도전에 반응하여 일 년 만에 창세기부터 요한계시록까지 손으로 다 쓰셨다.

이것을 보고 내가 큰 도전을 받았다. 마음먹으니 일 년 만에 성경 전체를 필사도 하는데, 눈으로 읽는 성경 통독을 왜 못하겠는가? 정말 간곡히 부탁하고 싶다. 인터넷으로 이 목사님, 저 목사님 설교를 들을 시간에 성경을 읽으라. 말씀이 능력이다.

하나님의 말씀은 살아 있고 활력이 있어 좌우에 날선 어떤 검보다도 예리하여 혼과 영과 및 관절과 골수를 찔러 쪼개기까지 하며 또 마음의 생각과 뜻을 판단하나니 히 4:12

하나님의 말씀은 첫째로 살아 있고, 둘째로 활력이 있다. 자꾸 우울한 사람이 있는가? 틈만 나면 비관적인 생각이 드는가? 살아 있는 말씀을 읽어야 한다. 그러면 활력이 생긴다.
그뿐만 아니라 말씀은 내 삶에 기쁨과 즐거움을 회복시켜준다.

만군의 하나님 여호와시여 나는 주의 이름으로 일컬음을 받는 자라 내가 주의 말씀을 얻어 먹었사오니 주의 말씀은 내게 기쁨과 내 마음의 즐거움이오나 렘 15:16

그리고 말씀은 유대인들처럼 자기 자신이나 자신이 가진 그 무엇을 지나치게 의지하는 태도를 막아준다. 그리고 유대인들처럼 모든 책임을 타인에게 전가시키거나 자기변명에 급급하지 않도록 도와준다. 이 말씀을 가까이해야 한다.
말씀의 능력을 회복하기 위해서라도 우리 안에 로마서 1장 16절의 복음을 회복해야 한다.

내가 복음을 부끄러워하지 아니하노니 이 복음은 모든 믿는 자에게

구원을 주시는 하나님의 능력이 됨이라 먼저는 유대인에게요 그리고 헬라인에게로다 **롬 1:16**

우리가 복음을 회복할 때, 이 복음이 우리로 하여금 말씀의 능력과 기쁨을 깨닫게 한다. 말씀 맡은 자의 특권을 소홀히 하여 혼미한 자리에 빠졌던 유대인의 전철을 밟지 않도록 우리 안에 이 복음이, 그리고 말씀의 능력이 온전히 회복되어야 한다. 그 은혜가 우리 모두에게 있기를 간절히 바란다.

PART 4

제대로 살 때
능력이 된다

로마서 3:9-18

그러면 어떠하냐 우리는 나으냐 결코 아니라 유대인이나 헬라인이나 다 죄 아래에 있다고 우리가 이미 선언하였느니라 기록된 바 의인은 없나니 하나도 없으며 깨닫는 자도 없고 하나님을 찾는 자도 없고 다 치우쳐 함께 무익하게 되고 선을 행하는 자는 없나니 하나도 없도다 그들의 목구멍은 열린 무덤이요 그 혀로는 속임을 일삼으며 그 입술에는 독사의 독이 있고 그 입에는 저주와 악독이 가득하고 그 발은 피 흘리는 데 빠른지라 파멸과 고생이 그 길에 있어 평강의 길을 알지 못하였고 그들의 눈앞에 하나님을 두려워함이 없느니라 함과 같으니라

CHAPTER 10

죄를 알고
나를 알기

우리는 나으냐?

로마서 1,2장에서 이방인이든 유대인이든 할 것 없이 모든 인간은 하나님의 심판을 피하기 어려운 죄악의 상태에 놓여 있음을 강조하며 경고했던 바울은, 말씀을 여기서 끝내지 않고 로마서 3장 9절부터는 타인을 향했던 그 경고와 지적의 화살을 자기 자신에게로 돌린다.

> 그러면 어떠하냐 우리는 나으냐 결코 아니라 유대인이나 헬라인이나 다 죄 아래에 있다고 우리가 이미 선언하였느니라 롬 3:9

여기 나오는 '우리'는 누구를 말하는가? 지금 이 편지(즉 로마서)를 쓰고 있는 바울 자신을 포함하여 편지를 받게 될, 이미 예수 잘 믿는다고 소문난 로마의 그리스도인을 말하는 것 아닌가? "우리는 나으냐 결코 아니라"라는 표현이 나에게 참 의미 있게 다가왔다. 사람이 남의 잘못을 지적하는 것은 쉽다. 우리에게는 남을 비판하고 판단하는 기능이 얼마나 잘 발달되어 있는지 모른다. 예리한 분석력으로 상대방의 약점을 금방 파악하는 능력을 가진 우리이다.

그런데 문제는 그 놀라운 지각력이 자기 자신을 향해서는 잘 작동되지 않는다는 것이다. 인간이 지닌 미스터리 중 하나이다. 동물적인 감각으로 상대방의 약점을 금세 파악해내는 능력을 가진 인간이 정작 자기 자신에 대해서는 잘 모른다는 사실이 놀랍지 않은가? 인간은 자기 자신을 정말 모른다. 그러다 보니 다른 사람의 문제에 대해서는 충고나 지적을 잘 하지만 자기 잘못을 고치지는 못한다.

이런 깨달음이 내게 두려움으로 다가오는 이유가 뭐겠는가? 나는 늘 남을 가르치는 사람 아닌가? 남들을 향해서는 "이렇게 하면 안 된다, 저렇게 하면 안 된다"고 충고하지만, 자칫하면 나는 열외이고 남에게만 화살을 돌리는 우를 범하기 쉽기 때문이다.

이런 면을 염려하다 보니 나는 이 3장 9절 말씀을 몇 번이고 반복해서 묵상했다.

"그러면 어떠하냐 우리는 나으냐 결코 아니라. 이찬수 목사, 너는 어떠하냐? 너는 좀 나으냐? 결코 아니라."

목회자나 장로나 권사 직분을 가진 교회의 리더들이나 다른 사람을 가르치는 위치에 있는 사람들은 이 말씀을 거듭 되뇌어야 한다.

"그러면 어떠하냐 우리는 나으냐 결코 아니라. 그러면 어떠하냐 우리는 나으냐 결코 아니라!"

자녀 교육도 마찬가지 아닌가? 사실 우리가 자녀들에게 교육용으로 던졌던 말들만 행하며 살아도 우리는 벌써 천사 같은 존재가 됐을 것이다. 예를 들어, 우리나라 부모들만큼 아이들에게 인사 잘 하라고 교육 잘 시키는 부모가 어디 있는가?

"어른 보면 인사 꼭 해라. 배꼽 인사!"

이렇게 자기 아이들에게는 아주 어릴 때부터 인사의 중요성을 가르치는 부모가 어찌된 영문인지 자기는 다른 사람에게 인사를 안 한다. 엘리베이터 안에서 분명 이웃에 사는 사람인 것을 알면서도 인사는 안 하고 딴청만 피운다. 그럴 땐 아이들이 엄마에게 지적해도 할 말이 없다.

"엄마! 배꼽 인사!"

이처럼 남 지적하기는 쉽지만 자기 스스로를 돌아보기는 어려운데, 바울은 그렇지 않았다. 우리는 바울의 "그러면 어떠하냐 우리는 나으냐 결코 아니라"의 정신을 배워야 한다. 이런 자세를 가지고 있었기에 바울은 이런 고백을 할 수 있었던 것이다.

> 내가 내 몸을 쳐 복종하게 함은 내가 남에게 전파한 후에 자신이 도리어 버림을 당할까 두려워함이로다 고전 9:27

이런 고백은 아무나 할 수 있는 것이 아니다. 바울은 타인의 잘못도 무섭게 지적하고 책망했지만, 늘 자기 스스로를 돌아보고 점검하며 살얼음판 걷듯이 하나님 앞에서 살았기 때문에 끝까지 실족하지 않는 지도자가 될 수 있었다.

죄에 대한 지피지기

이런 관점으로 본문을 보면 사도 바울의 귀한 모습들이 발견되는데, 그중에 하나가 죄에 대한 지피지기(知彼知己)의 정신이다. 이것이 무슨 말인가? 9절을 다시 보자.

> 그러면 어떠하냐 우리는 나으냐 결코 아니라 유대인이나 헬라인이나 다 죄 아래에 있다고 우리가 이미 선언하였느니라 롬 3:9

이 말씀에서 '죄 아래에 있다'는 말을 원어로 보면 '죄의 지배 아래에 놓여 있다'라는 뜻이다. 그리고 성경에서 '죄'는 단수로 쓰이느냐, 복수로 쓰이느냐에 따라 의미가 달라지는데, 원어로 '죄'가 복수로 쓰이면 죄의 결과물, 즉 우리가 알고 있는 나쁜 짓을 하는 모든 양상을 뜻한다. 여기서는 '죄'가 단수로 쓰이고 있는데, 이는 죄의 열매를 말하는 것이 아니라, 보다 근원적으로 죄를 유발시키는 원인자, 쉽게 말해서 악한 사탄의 세력을 가리키는 것이다.

바울은 유대인이나 헬라인이나 할 것 없이 모두 다 '죄의 지배 아래', 다시 말해 사탄의 지배 아래 놓여 있다고 선언한 것이다. 여기서 바울의 죄에 대한 '지피지기' 정신이 드러난다. 바울은 자기를 죄 가운데로 몰고 가는 영적인 세력을 '지피'(知彼, 적의 형편을 앎), 즉 그것이 얼마나 강력한 능력을 가진 존재인지를 떨면서 인정하고 있다. 그리고 '지기'(知己, 나의 형편을 앎), 즉 자기는 죄의 유혹에 한없이 약한 존재라는 것을 철저하게 인식했다는 것이다.

로마서 7장도 보라.

> 내 속 곧 내 육신에 선한 것이 거하지 아니하는 줄을 아노니 원함은 내게 있으나 선을 행하는 것은 없노라 내가 원하는 바 선은 행하지 아니하고 도리어 원하지 아니하는 바 악을 행하는도다 만일 내가 원하지 아니하는 그것을 하면 이를 행하는 자는 내가 아니요 내 속에 거하는 죄니라 롬 7:18-20

여기서도 '죄'는 단수로 쓰여 죄를 하나의 인격체로 받고 있다. 자신을 죄 가운데로 몰고 가는 악한 세력이 얼마나 강력한지, 자기 힘으로는 역부족이라는 것이다. 바울이 어떤 사람인가? 한 시대를 풍미한 위대한 하나님의 종이다. 그런 바울도 죄의 세력 앞에서는 역부족이라고 하는데 우리 같은 평범한 사람이야 말해서 뭐하겠는가? 우리는 지금 지피지기가 너무 안 되어 있다. 죄의 권세도 모르고, 자기 자신도 잘 모른다.

바울은 심지어 이런 절망의 탄식을 쏟아낸다.

내 지체 속에서 한 다른 법이 내 마음의 법과 싸워 내 지체 속에 있는 죄의 법으로 나를 사로잡는 것을 보는도다 오호라 나는 곤고한 사람이로다 이 사망의 몸에서 누가 나를 건져내랴 **롬 7:23,24**

이 처절한 절규가 우리에게 있는가? 우리의 연약함 때문에 가슴 아픈 고통이, 죄악 때문에 늘 무너질 수밖에 없는 나 자신의 실존에 대한 절망의 마음이 우리에게 있는가 말이다. 로마서 7장의 지피지기로 인한 바울의 절망이 있었기 때문에, 로마서 8장의 그 위대한 은혜에 대한 감격과 승리의 선포가 가능했던 것이다. 우리도 바울처럼 '죄에 대한 지피지기 정신'을 회복해야 한다.

방심하면 금방 넘어진다

최근 몇 년 사이에 존경 받던 여러 목회자가 물질 문제나 성적인 문제로 넘어지는 모습을 우리는 가슴 아프게 지켜봐야 했다. 많은 이가 놀라고 마음 아파했지만, 특히나 같은 길을 걷는 목회자 입장에서 나는 그 문제를 더욱 심각하게 볼 수밖에 없었다. 게다가 그 분들 중에는 내가 직접 만나 교제를 나눴던 분도 있다.

실족의 자리에 빠져버린 분들의 면면을 보면 마음에 두려움이 생긴다. 그 분들이 인격적으로나 영적으로 나보다 못해서 그런 자리에 빠졌다고 생각하지 않기 때문이다.

'저런 분들도 한순간에 넘어지는데, 나는 얼마나 더 조심하며 은혜를 구해야 할까?'

이런 생각이 절로 들곤 한다.

다윗도 마찬가지 아닌가? 물맷돌 몇 개 들고 당당하게 골리앗을 물리쳤던 영웅 다윗이 한순간에 무너져버리는 그 비참한 모습을 보면서 무엇을 느끼는가? 그는 어떻게 그렇게 쉽게 죄의 자리에 빠지고 말았는가? 방심해서 그렇다. 이 사실에 대해 우리는 긴장해야 한다. 다윗 같은 위대한 인물도 교만하여 방심하면 한순간에 넘어지는데, 우리는 지금 너무 안일하게 살고 있는 것은 아닌가? 그래서 우리는 바울의 이 놀라운 선언을 기억해야 한다.

"그러면 어떠하냐 우리는 나으냐 결코 아니라 유대인이나 헬라인이나 다 죄 아래에 있다고 우리가 이미 선언하였느니라!"

그런가 하면 우리는 또한 바울이 가졌던 복음에 대한 확신을 회복해야 한다. 바울의 확신에 찬 이 고백을 우리의 삶 속에서 선포해야 한다.

> 내가 복음을 부끄러워하지 아니하노니 이 복음은 모든 믿는 자에게 구원을 주시는 하나님의 능력이 됨이라 롬 1:16

바울이 확신했던 이 복음의 능력을 우리 삶 속에서도 회복하고 선포하자. 중요한 것은, 바울이 이처럼 '하나님의 능력'을 강조하며 선포했던 까닭은 자기가 가진 능력으로는 우리를 죄악으로 몰고 가려는 악한 세력을 이길 수 없기 때문이다.

사탄의 세 가지 공격 루트

본문을 이런 각도로 살펴보자. 9절에서 바울이 자기 자신을 비롯한 모든 인간은 다 죄의 영향력 아래에 놓여 있다고 선포한 이후에 전개되는 양상을 보면, 자신의 주장이 옳다는 것을 입증하기 위해 인간의 타락상을 쭉 열거하며 서술해나가고 있다.

이것을 가만히 분석해보니 바울이 피력하는 인간의 타락상이 세 갈래로 정리가 되었다. 이것을 다른 각도로 보면, 인간을 향한 사탄의 공격 통로가 세 갈래로 드러난다는 뜻 아닌가?

이런 의미에서 우리는 본문에서 바울이 제시하는 세 갈래의 타락상을 살펴보면서, 이것을 우리의 기도제목으로 삼아 늘 복음의 능력으로 대적하며 조심해야 한다. 어떤 것들인지 살펴보자.

언어의 타락을 조심하라

첫째로, 복음을 믿는 우리는 '언어의 타락'을 늘 조심해야 한다.

그들의 목구멍은 열린 무덤이요 그 혀로는 속임을 일삼으며 그 입술에는 독사의 독이 있고 그 입에는 저주와 악독이 가득하고 롬 3:13,14

여기서 바울은 목구멍, 혀, 입술, 입 등 다양한 이미지를 사용하여 인간의 언어가 얼마나 사탄의 공격에 노출되기 쉬운지 강조하고 있다. 사탄의 중요한 공격 포인트 중 하나가 언어임을 가르쳐주고 있다.

그러고 보면, 성경은 언어의 중요성을 유난히 강조하는 책이다. 예를 들어 야고보서 1장 26절을 보라.

누구든지 스스로 경건하다 생각하며 자기 혀를 재갈 물리지 아니하고 자기 마음을 속이면 이 사람의 경건은 헛것이라 약 1:26

우리가 경건을 유지하기 위해 묵상하는 것도 중요하고, 성경 읽는 것도 중요하고, 새벽기도에 나가는 것도 중요하지만, 그것만큼이나 중요한 것이 '자기 혀를 재갈 물리는 것'임을 기억해야 한다.
야고보서 3장에서도 비슷한 말씀을 볼 수 있다.

우리가 말들의 입에 재갈 물리는 것은 우리에게 순종하게 하려고 그 온몸을 제어하는 것이라 또 배를 보라 그렇게 크고 광풍에 밀려가는 것들을 지극히 작은 키로써 사공의 뜻대로 운행하나니 이와 같이 혀도 작은 지체로되 큰 것을 자랑하도다 보라 얼마나 작은 불이 얼마나 많은 나무를 태우는가 약 3:3-5

혀는 능히 길들일 사람이 없나니 쉬지 아니하는 악이요 죽이는 독이 가득한 것이라 약 3:8

심지어 잠언에 보면 이런 말씀이 있다.

죽고 사는 것이 혀의 힘에 달렸나니 혀를 쓰기 좋아하는 자는 혀의 열매를 먹으리라 잠 18:21

죽고 사는 것이 혀의 힘, 즉 말에 달렸다니 무서운 말씀 아닌가? 이처럼 성경이 반복하여 강조하는 것이 무엇인가? 그만큼 우리의 세 치 혀가 사탄의 공격에 노출되기 쉽다는 것이다.

이런 의미에서 보면, 우리 믿음의 현주소를 알 수 있는 바로미터 중 하나가 바로 우리가 사용하고 있는 언어의 내용이라는 사실을 기억해야 한다. 품격 있는 언어를 사용하는 것이야말로 우리의 영적인 실력을 보여주는 것이다. 당신은 지금 어떤 말들을 주로 사용하고 있는가? 당신의 입술은 사람을 세워주고, 용서하고, 살리는 일에 주로 쓰이는가? 아니면 상대방의 마음을 아프게 하고, 낙심하게 하고, 무너지게 하는 일에 쓰이고 있는가? 그 귀한 입술을 남 흉이나 보는 데 사용하지는 않는가? 그 내용이 무엇이든, 그것이 우리의 영적인 상태임을 잊지 말아야 한다.

복음으로 입술을 제어해야 한다

미국의 매사추세츠주립대학의 사회심리학 교수인 로버트 펠드먼은 특히 거짓말 심리와 관련하여 세계 최고의 권위자로 알려져 있다. 그가 30년간 거짓말과 관련하여 연구한 것을 책으로 냈는데, 그 책 제목이 《우리는 10분에 세 번 거짓말한다》이다.

제목 그대로 이분이 거짓말과 일상의 속임수를 연구하면서 반복적으로 실험, 관찰해 보니 사람은 처음 만나는 사람과의 대화에서 10분에 평균 세 번의 거짓말을 한다고 한다. 물론 그것은 상대방을 세워주기 위한 인사말이나 악의가 없는 하얀 거짓말도 포함된 것이다.

그런데 이 학자가 말하고자 하는 핵심이 무엇인가 하면, 인간이 지닌 거짓말의 '일상성'이다. 우리는 애쓰지 않아도 입만 떼면 거짓말이 나온다. 또 다른 심리학자는 "사람은 하루에 대략 200번에 이르는 거짓말을 한다"라는 연구 결과를 발표하기도 했다.

학자들의 이런 연구 결과가 사실이라면 우리는 어떻게 해야 하는가? 입을 닫는 수밖에 없다. 입만 열면 거짓말이 나오니, 할 수 있는 대로 말수를 줄이고, 한 마디라도 하기 전에 멈칫 생각하고 말해야 한다. 조심하고 또 조심하는 수밖에 없다.

더 충격적인 것은 13절 말씀이다. 바울은 13절 서두에서 "그들의 목구멍은 열린 무덤이요"라고 했다. 무슨 뜻인가? 사람을 칼로만 죽일 수 있는 것이 아니라는 것이다. 우리의 세 치 혀로 사람을 죽일 수 있다는 것이다. 이 부분을 묵상하며 정리하는데 문득 고(故) 최진실 씨가 떠올랐다. 최진실 씨의 자살이 바로 이런 경우 아닌가? 그러니 글 하나 쓸 때도 조심해야 하고, 누군가에게 충고 한 마디를 할 때도 조심해야 한다. 비록 내 의도는 선할지라도 악한 마귀는 그것을 공격의 빌미로 삼을 수 있기 때문에 더욱 조심해야 한다.

이런 맥락에서 나는 오늘날 한국교회가 분명 침체라고 생각한다. 교회에 말이 얼마나 많고 뒷담화가 얼마나 많은가? 물론 생명을 살리고 용기를 주는 일에도 교회 안의 언어가 사용되고 있지만, 말도 안 되는 루머가 난무하는 것 역시 교회의 아픈 현실이다. "아니 땐 굴뚝에 연기 나랴"라고 하는데, 가끔은 없는 굴뚝도 만드는 곳이 교회인 것 같다. 박 권사님은 김 권사님 욕하고, 김 권사님은 박 권사님 욕하고, 저 집사는 어떻고, 교회를 들여다보면 이렇다더라 저렇다더라 하는 말들로 가득하다.

우리는 소음이 가득한 교회의 현실을 통탄하며 우리의 입술을 제어하는 복음의 능력을 믿음으로 간절히 기도해야 한다.

"주님, 저의 의지로는 제 입술을 제어할 수 없사오니 복음의 능력으로 제 입술을 통제하여주옵소서!"

정말 중요한 기도제목이다.

행위의 타락을 조심하라

둘째로, 복음을 믿는 우리는 언어의 타락뿐 아니라 실제석인 '행위의 타락'을 조심해야 한다.

> 그 발은 피 흘리는 데 빠른지라 파멸과 고생이 그 길에 있어 평강의 길을 알지 못하였고 롬 3:15-17

앞에서 '목구멍, 혀, 입술, 입' 등의 신체를 사용하여 인간의 언어의 타락을 설명했던 바울이 여기서는 '발'이라는 신체를 사용하여 '행위로 범하는 죄악'들을 묘사하고 있다. 즉, 말로 짓던 죄가 이제는 사람에게 직접 위해를 가하고 폭력을 행사하는 등 '발'로 상징되는 행위의 타락으로 확대되어가고 있음을 보여준다.

이것을 보면서 내가 크게 깨달았던 것이 있다. 오늘 우리가 입술의 타락, 즉 언어의 타락을 제어하지 않으면 내일 한 걸음 더 나아가 남에게 구체적으로 해악을 끼치는 행위의 타락으로 이어진다는 것이다.

지금 배우자 몰래 바람을 피우고 있는 사람이 있다면 자기의 지난 과정을 쭉 거슬러보라. 신혼여행을 다녀오면서부터 바람을 피우는 사람은 없다. 지금 바람피우는 자리, 그 행위로까지 간 사람은 분명히 몇 년 전부터 이런 조짐이 나타났을 것이다. '나는 결혼을 잘못했어, 이 여자는 매력이 없어'라는 등 말로 아내를 무시하며 사탄의 진을 구축해주는 일을 했을 것이다. 그리고 그것이 자기 생각을 장악하자, 바람을 피우는 구체적인 행위로 나타난 것이다.

그런데 이런 행위적인 타락에 한 가지 불가사의한 것이 있다. 뉴스를 보거나 신문 기사를 보면, 온갖 비리 사건에 예외 없이 크리스천이 끼어 있다는 것이다. 생각해보면 이상한 일 아닌가? 교회라는 곳이 유난히 악한 사람들이 모인 곳이 아니지 않은가? 그런데 왜 온갖 역겨운 죄악 속에 꼭 크리스천이 끼어 있어야 하는가? 이것이 무엇을 의미하는가?

내가 깨달은 것은, 영적인 전쟁이 있기 때문이라는 것이다. 성적인 부분에서 약한 사람들만 신학교에 가는 것이 아님에도 심심찮게 목회자들의 성적 문제가 불거지는 현실을 보면서, 목회자의 성적인 타락을 부추기는 영적 세력이 있음을 자각해야 한다. 유난히 공격이 많기에 유난히 주의하고 조심해야 하는 것이다. 그리고 그 부분에 대해서도 은혜가 필요함을 직시하고 하나님께 은혜와 도우심을 구해야 한다.

죄를 부추기는 세력이 있다

나는 어릴 때부터 강아지를 키우고 싶었는데, 몇 년 전까지 두 여자 때문에 평생 한 번도 강아지를 못 키웠었다. 어릴 때는 어머니가 반대해서 못 키웠고, 결혼해서는 아내가 반대해서 못 키웠다. 그러던 우리 집에 놀라운 변화가 일어났다.

어느 예배 때 내가 이런 이야기를 웃으면서 농담처럼 한 적이 있는데, 그 말이 한 성도의 가슴에 꽂힌 것이다.

'우리 목사님 너무 불쌍하다. 강아지도 못 키우고….'

그 분은 집에서 토이푸들이라는 작은 강아지를 키우는 분인데, 그리고 얼마 후에 그 가정에 경사가 났다. 키우던 개가 새끼를 네 마리 낳은 것이다. 꼬물거리는 새끼 강아지를 보자 이분은 또 내 생각이 났다. 그래서 어느 날 전혀 상의도 없이 무작정 강아지를 데리고 교회 사무실로 와서는 직원에게 맡기고 가버렸다.

나는 전혀 몰랐다. 6시가 넘어서 퇴근하려는데 직원이 쭈뼛쭈뼛하면서 "저, 목사님, 그런데 보셔야 할 것이 있습니다"라고 하더니 나를 데리고 사무실 안으로 들어가는 게 아닌가? 가보았더니 이제 막 두 달 된 작은 강아지가 낑낑거리고 있었다.

벌써 강아지를 놓고 가버렸으니 어떻게 하겠는가? 아직 어린 강아지를 교회에 그대로 둘 수도 없고, 할 수 없이 집으로 데리고 갔다. 그러고 나서 아내에게 얼마나 잔소리를 들었는지 모른다.

"준다고 받아오면 어떻게 해요? 빨리 가서 돌려드려요!"

그런데 이틀 만에 대반전이 일어났다. 아내의 마음이 완전히 돌아선 것이다. 아내가 강아지를 너무 싫어하는 것 같아서 원 주인에게 돌려드려야겠다고 마음먹고 아내에게 그 사실을 말했다. 그러자 아내가 예상 밖의 이야기를 했다.

"여보, 이 강아지가 나를 자기 엄마로 결정한 것 같아요. 낮에 손님이 와서 안겨주었더니 손님 품에 안겨서 나를 쳐다보는데 꼭 엄마를 보는 눈빛이었어요."

그러면서 못 보내겠다는 것이다. 평소 아내는 "내가 무작정 강아지를 데리고 오면 어떻게 할 거냐?"라고 물으면 "데리고 오기만 하세요. 당신은 강아지를 택하든 나를 택하든 둘 중에 하나를 선택해야 할 거예요"라고 협박조로 말하던 사람이다. 그런 아내가 이틀 만에 마음이 바뀌었다. 이 놀라운 변심으로 드디어 우리 집에서도 강아지를 키우게 된 것이다.

사랑은 상대방을 알아가려는 노력 아닌가? 강아지에 대한 지식이 전혀 없던 나는 강아지를 제대로 사랑하기 위해 책도 사고, 틈틈이 인터넷 동호회에 들어가서 사람들의 글도 꼼꼼히 읽으며 강아지의 심리를 파악하기 위해 애썼다.

그런데 강아지를 키우면서 놀라운 진리를 하나 깨달았다. 강아지를 사랑하는 데 강아지에 대한 공부를 그렇게 심각하게 할 필요가 없다는 것이다. 사실 강아지는 사람과 달라서 굉장히 단순하다. 복잡한 생각이 없다. 멸치 한 마리만 줘도 기뻐서 꼬리를 흔들고 핥으며 난리를 친다. 강아지는 강아지다. 좋은 강아지, 나쁜 강아지가 없다. 훈련 여부에 따라 반응이 다를 뿐이지 우리 집 강아지가 나타내는 양상은 모든 강아지가 다 똑같이 나타낸다. 강아지들은 먹을 것을 먹다가 남으면 깊숙한 데 파묻고 숨겨둔다던데, 태어난 지 이제 두 달 된 새끼 강아지도 그런다. 모든 행동이 본능에 의한 것이다. 그러니 속이는 일도 없고 마음에 없는 행동을 하지도 못한다. 나는 그 단순함에 반했다.

그런데 사람은 악마같이 악한 사람부터 천사같이 훌륭한 사람까지, 얼마나 다양하고 복잡한가? 이 차이가 뭘까? 왜 강아지는 모든 행동 양상이 같은데 인간은 그렇게 복잡할까?

나는 강아지의 단순한 모습을 보면서 한편으로는 부러웠다.

"내가 하나님 앞에서 너 같으면 좋겠다."

이렇게 중얼거릴 정도였다. 기쁘면 기뻐하고, 불편하면 불편하다고 표현하는, 이 단순한 삶이 인간에게는 왜 어려울까?

여러 요인이 있겠지만, 나는 목사로서 이렇게 해석했다. 동물에게는 영혼이 없기 때문이다. 영혼이 없기 때문에 영혼을 죽이려는 마귀의 공격도 없다. 강아지에게 악한 생각을 집어넣으려는 영적 세력도 없다.

그러나 인간은 다르다. 우리는 영혼을 죽이려는 사탄에게 늘 노출되어 있기 때문에, 처절하게 몸부림치지 않으면 한순간에 죄악의 자리, 수치의 자리에 빠질 수 있는 것이다. 그렇게 존경받던 목사님이 평생 열심히 사역하시다가 은퇴를 앞두고 어떻게 그런 부끄러운 자리에 빠질 수 있는가? 그것을 부추기며 공격하는 세력이 있기 때문이다.

그렇기 때문에 내가 실제로 남을 죽이는 일을 하지는 않는다 할지라도 내 입술로 자꾸 남을 원망하고 비평하고 불평하는 일들이 일어난다면 두려워해야 한다. 내가 이것을 방치하면 이것들이 나를 사망의 음침한 골짜기로 몰고 가도록 부추기는 세력에게 먹이가 될 수 있기 때문이다. 그렇기 때문에 우리는 늘 조심하며 하나님 앞에 떨며 은혜를 구해야 한다.

특히 가정의 회복을 원한다면 꼭 기억하라. 배우자를 향해 습관적으로 던지는 작은 원망을 방치하면, 그것이 가정을 깨뜨리는 구체적인 행동으로 연결될 수 있다는 사실을 말이다. 그러므로 우리는 가정 안에서 나의 언어와 행동에 교정할 것이 없는지 늘 돌아보아야 한다.

자녀에 대해서도 마찬가지다. 자녀를 향한 나쁜 언어가 뿌리내리지 못하도록 회개하며 고쳐야 한다. 지금 고치지 않으면 그것이 흉기가 되어 자녀를 다치게 한다는 사실을 기억해야 한다. 늘 두려운 마음으로 자기의 언어와 행동을 돌아봐야 한다.

하나님에 대한 경외심을 잃지 않도록 조심하라

셋째로, 복음을 믿는 우리는 '하나님에 대한 경외심'을 잃지 않도록 조심해야 한다.

> 그들의 눈앞에 하나님을 두려워함이 없느니라 함과 같으니라
> 롬 3:18

죄악에 사로잡힌 인간, 특히 범죄하고도 회개하지 않는 인간의 특징 중 하나는 하나님을 향한 두려움이 사라지기 시작했다는 사

실이다. 이것이 그 사람을 망하게 하는 결정적인 요인이다. 인생은 결국 무엇을 두려워하느냐의 문제이다.

노아를 생각해보라. 노아는 하나님의 명령에 따라 배를 만들기 시작했다. 어디에다 만들었는가? 어릴 때 교회학교에서 이런 노래를 배운 적이 있다.

노아 할아버지 배를 만든다
노아 할아버지 배를 만든다
높은 산 꼭대기에서 배를 만든다

노아 할아버지가 배를 만드는데, 강물이나 바다에 띄워야 할 배를 산꼭대기에다 만들고 있다.

"노아, 저 영감이 드디어 미쳤네. 제정신이 아니야."

노아가 이런 말을 얼마나 많이 들었겠는가? 요즘 말로 마을에서 완전히 왕따가 되지 않았을까? 그 고통이 얼마나 극심했겠는가? 그런데 노아는 왜 배 만드는 것을 중단하지 못했는가? 이 질문에 대한 답이 히브리서에 나와 있다.

믿음으로 노아는 아직 보이지 않는 일에 경고하심을 받아 경외함으로 방주를 준비하여 그 집을 구원하였으니 히 11:7

'경외'가 무슨 뜻인가? 하나님을 두려워했다는 것이다. 노아는 자기를 향해 비난하고 수군거리는 동네 사람들 역시 두려웠을 것이다. 내가 목회자로서 사람들 앞에 노출되는 입장에 있다 보니, 사람들이 아무 생각 없이 내뱉는 말에 얼마나 무서운 능력이 있는지 문득문득 절감하곤 한다. 그토록 무서운 것이 비판과 지적의 손가락질이다. 그러니 노아의 고통이 어땠을까?

그러나 노아가 그 고통 속에서도 방주 만드는 것을 포기할 수 없었던 것은, 노아는 수군거리고 비방하는 주변 사람들의 시선도 두려웠지만 그 일을 명하신 여호와 하나님을 더 두려워했기 때문이다.

그렇기에 자신의 신앙을 점검하는 잣대 중 하나가 바로 이것이다. 새벽기도에 몇 번 참석했나, 성경을 몇 장 읽었나, 오늘 묵상을 했나 안 했나 하는 것보다 더 중요한 잣대가 '나는 하나님을 두려워하는가?'라는 질문이다.

청산유수같이 말 잘하고 설교 잘한다고 그 사람의 영이 살아 있는 것이 아니다. 아무도 보는 이 없을 때 내가 하는 행동이 인격이고, 그 사람의 영성이다. 들키지만 않으면 다 되는 것인가? 잠자리에 들 때면 하나님이 하나님을 경외하는 자에게 주시는 경고의 말씀이 들려오는가? 그 경고가 너무 두려워서 내일은 더 이상 같은 죄를 짓지 못하는 일들이 우리 삶에 나타나고 있는가?

모세를 구한 산파들도 마찬가지다.

> 그러나 산파들이 하나님을 두려워하여 애굽 왕의 명령을 어기고 남자 아기들을 살린지라 출 1:17

당시 애굽 왕의 명령은 절대명령이었다. 사람을 죽이고 살릴 수 있는 절대적인 파워를 가진 명령이었다. 산파들이 그 사실을 몰랐겠는가? 그럼에도 불구하고 왜 아기들을 살려두었는가? 권력을 가진 애굽 왕도 두렵지만, 하나님이 더 두렵다는 것이다.

우리는 어떤가? 우리는 정말 하나님을 두려워하는가? 현실을 보면 세상 사람들은 말할 것도 없고 크리스천이라고 자처하는 사람들조차 하나님을 향한 두려움이 없는 것 같다. 이처럼 하나님을 두려워하는 마음을 잃어버림으로 우리의 내면세계가 마귀의 놀이터가 되어버린 것 같다.

이런 맥락에서 우리는 이 말씀을 주님의 경고로 받아야 한다.

> 몸은 죽여도 영혼은 능히 죽이지 못하는 자들을 두려워하지 말고 오직 몸과 영혼을 능히 지옥에 멸하실 수 있는 이를 두려워하라 마 10:28

이 말씀이 하루 종일 머리에 맴도는 은혜가 있기를 바란다.

우주의 종말이 오건, 개인의 종말이 오건 얼마 안 남았다. 요즘 100세 시대라고는 하지만, 누가 100세까지 산다고 보장해주는가?

오늘 당장 죽을 수도 있는 것이 우리 인생 아닌가? 우리가 복음을 믿는다면 우리는 피할 수 없는 내 인생의 마지막 날, 심판자 되시는 주님 앞에 서게 될 그날을 의식하며 살아야 한다. 심판하실 그분을 두려워하고 의식하며 살아간다면 아무도 안 본다고, 들키지만 않으면 된다는 식으로 내 맘에 내키는 대로 막 살아갈 수 없다.

십자가에 딱 붙은 인생

우리는 죄에 대한 지피지기의 정신을 가지고 살아가야 한다. 나를 죄악의 골짜기로 몰고 가는 악한 사탄의 세력이 얼마나 강력한 능력인지를 알고, 그에 비해 한없이 초라하고 연약한 나 자신을 깨달아야 한다. 그 사실을 깨달을 때 우리가 할 수 있는 고백은 딱 하나이다.

> 내가 복음을 부끄러워하지 아니하노니 이 복음은 모든 믿는 자에게 구원을 주시는 하나님의 능력이 됨이라 롬 1:16

'아버지, 저는 약합니다. 사탄의 권세를 이길 수 없습니다. 내버려 두면 입술이 타락하고, 그다음에는 행위가 타락하여 짐승보다 못한 자리로까지 갈 수 있는 위험이 제게 있기에 저는 복음을 의지합니다! 저는 복음의 능력을 믿습니다.'

우리는 종잇장 같은 인생이다. 종이 한 장은 힘을 안 줘도 쉽게 찢을 수 있다. 그러나 이 종이가 벽에 딱 붙어 있으면 떼어내기 정말 어렵다. 당신은 지금 굴러다니는 종잇장 같은 인생인가? 아니면 벽에 견고하게 붙어 있는 종이처럼 예수 그리스도와 그분의 십자가 복음에 견고하게 붙어 있는 인생인가?

 복음을 만날 입으로만 떠드는 데 쓰지 말고, 복음이 능력임을 삶 속에서 체험하고 맛보기를 바란다. 종잇장같이 연약한 나를 얼마나 견고한 인생으로 만들어주는지, 그 복음의 능력이 오늘 나의 삶 속에서 작동되기를, 그래서 그 복음의 감격이 회복되는 우리 모두가 되기를 간절히 축복한다. 그래서 종잇장같이 구겨지고 찢기는 인생이 아니라, 주님의 십자가 앞에 그분과 더불어 찢어지지 않는 인생이 되기를 바란다.

로마서 3:19-22

우리가 알거니와 무릇 율법이 말하는 바는 율법 아래에 있는 자들에게 말하는 것이니 이는 모든 입을 막고 온 세상으로 하나님의 심판 아래에 있게 하려 함이라 그러므로 율법의 행위로 그의 앞에 의롭다 하심을 얻을 육체가 없나니 율법으로는 죄를 깨달음이니라 이제는 율법 외에 하나님의 한 의가 나타났으니 율법과 선지자들에게 증거를 받은 것이라 곧 예수 그리스도를 믿음으로 말미암아 모든 믿는 자에게 미치는 하나님의 의니 차별이 없느니라

CHAPTER 11

그러나 이제는, 이전처럼 살 수 없다

반전의 그러나

한글 성경에는 빠져 있지만, 원어로 보면 로마서 3장 21절 맨 앞에 '그러나'라는 접속사가 있다. 우리말이 접속사를 중요하게 생각하지 않는 구조이다 보니 성경을 번역할 때 종종 생략하는 경우가 있지만, 사실 접속사를 잘 파악하는 것이 성경을 이해하는 데 굉장히 중요하다. 본문도 그런 경우이다. 그래서 이 구절은 '그러나'라는 접속사를 꼭 넣어서 읽어야 한다.

(그러나) 이제는 율법 외에 하나님의 한 의가 나타났으니 롬 3:21

여기에서 '그러나'의 의미는 생각보다 중요하다. 로마서 앞부분인 1-5장의 구조를 보면 크게 두 파트로 나눌 수 있는데, 인사말을 제외한 전반부가 로마서 1장 18절부터 3장 20절까지로 '타락으로 인해 심판을 피할 수 없는 비참한 인간의 현실'을 적나라하게 열거하고 있으며, 3장 21절부터 5장 21절까지가 후반부로 '이런 비참한 인생을 불쌍히 여기시는 하나님의 은혜'에 대해 강조하고 있다. 그렇게 전반부와 후반부로 나뉘는 분기점 역할을 바로 3장 21절의 '그러나'가 하는 것이다.

그래서 어떤 학자들은 21절의 '그러나'를 기준으로 그 이전의 말씀은 'BC : Before Christ', 즉 예수님이 오시기 이전의 상태, 개인에게 적용한다면 예수님이 우리 마음에 임하시기 이전을 설명하는 것이고, '그러나' 이후의 말씀이 'AD : Anno Domini', 즉 예수님이 오신 이후의 상태, 예수님이 우리 인생에 찾아오시고 개입하신 이후의 삶을 묘사하는 것으로 구분할 수 있다고 설명하기도 한다.

21절의 '그러나'가 그만큼 중요한 접속사인데 이것을 번역에서 생략해버린 것이다. 그러니 우리는 이 사실을 기억해두고 이 구절을 읽을 때 '그러나'를 꼭 넣어서 읽어야 한다.

율법을 의지했던 사람들

바울은 본문에서 '그러나'를 기준으로 그 이전을 살펴보니 'BC'의 상태에 빠진 사람들, 즉 예수 그리스도를 만나기 이전을 사는 사람들이 그 치명적인 절망 속에서 자기들 나름의 해법을 강구했음을 언급하는데, 그것이 무엇인가 하니 '율법을 지키는 것'이었다.

우리가 알거니와 무릇 율법이 말하는 바는 율법 아래에 있는 자들에게 말하는 것이니 이는 모든 입을 막고 온 세상으로 하나님의 심판 아래에 있게 하려 함이라 그러므로 율법의 행위로 그의 앞에 의롭다 하심을 얻을 육체가 없나니 율법으로는 죄를 깨달음이니라

롬 3:19,20

원래 하나님이 주신 율법은 '십계명'이다. 그런데 유대인들은 십계명을 잘 지키기 위해 거기에 613가지나 되는 세부 항목을 만들어 율법의 범위를 넓혔다. 그렇게 해서 613가지 항목을 지키는 것을 '율법을 지킨다'라고 생각했던 것이다.

율법을 잘 지키려고 노력하는 것은 전혀 문제 될 것이 없다. 하지만 당시 유대인들은 하나님께서 율법을 왜 주셨는지 그 근본정신은 잃어버린 채 단순히 613가지의 세부 항목을 지켜내는 행위에만 치우쳐 있기에 문제가 되는 것이다. 그러다 보니 율법이 자신에 대해서는 너무나 피곤한 삶을 살게 하고, 다른 사람에 대해서는 '이것도 못 지키느냐'라고 늘 비판과 정죄를 일삼게 만드는 악한 도구가 되어버린 것이다.

율법은 사랑의 표현이다

그렇다면 하나님께서 주신 율법의 근본정신과 그 목적이 무엇인가? 출애굽기 20장에 보면 하나님이 십계명을 주시면서 이런 말씀

을 하신다.

> 나를 사랑하고 내 계명을 지키는 자에게는 천 대까지 은혜를 베푸느니라 출 20:6

여기 보면 '사랑하다'와 '계명을 지키다'의 두 동사가 동급으로 기록되어 있다. 이것이 무엇을 말하는 것인가? 하나님이 이스라엘 백성에게 율법을 주신 것은, 그것이 하나님을 사랑하는 방식으로 표현되기를 원하셨기 때문이라는 것이다.

신약에서 예수님도 같은 맥락으로 이렇게 말씀하셨다.

> 너희가 나를 사랑하면 나의 계명을 지키리라 요 14:15

요한일서에서도 마찬가지다.

> 하나님을 사랑하는 것은 이것이니 우리가 그의 계명들을 지키는 것이라 그의 계명들은 무거운 것이 아니로다 요일 5:3

다 같은 정신 아닌가? 하나님을 사랑하는 마음의 표현으로 계명을 지킨다면 613가지가 아니라 그 10배인 6,130가지라 할지라도 "그의 계명들은 무거운 것이" 아닐 것이다.

아마 연애를 해본 사람은 다 알 것이다. 연애할 때 연인을 위해 엄청난 의무를 지지 않는가? 특히 데이트가 끝나면 남자가 여자를 집까지 바래다주어야 한다는 암묵의 룰이 적용되는 경우가 많다. 남자가 성남에 살고 여자가 의정부에 살아도 그 먼 의정부까지 잘 바래다주는 것이 데이트하는 남자에게 지워진 율법 아닌 율법이다. 그런데 어느 남자가 어떻게든 오늘은 바래다주지 않으려고 잔꾀를 부리겠는가? 오히려 기쁘게 데려다주고도 집으로 돌아오는 발걸음이 떨어지지 않아 몇 번이고 뒤를 돌아보는 것이 사랑하는 연인 사이 아닌가? 사랑하면, 그 안에 사랑이 담겨 있으면 그 계명들은 무거운 것이 아니다.

신앙생활도 마찬가지다. 우리는 이런 기준에 비추어 자신의 신앙생활을 돌아보아야 한다. 특히 오래 예수님을 믿은 사람들, 모태신앙인들은 의무감으로만 신앙생활을 하는 것은 아닌지, 그 안에 주님을 향한 사랑이 담겨 있는지 돌아봐야 한다.

그런데 사랑이 빠져버렸다

이렇듯 사랑의 정신이 담겨 있어야 하는 것이 율법인데, 바울 당시 유대인들은 이런 율법의 정신은 잃어버리고 행위에만 집착했다. 이런 그들의 태도에 대해 바울이 지적하는 것이 무엇인가?

그러므로 율법의 행위로 그의 앞에 의롭다 하심을 얻을 육체가 없나

니 율법으로는 죄를 깨달음이니라 **롬 3:20**

무슨 뜻인가? 하나님을 사랑하지도 않고 하나님으로부터 공급받는 은혜도 없다 보니, 율법으로는 '나는 안 되는구나, 나는 죄인이구나' 하며 죄만 깨달을 뿐이라, 율법이 늘 자기를 정죄하는 도구밖에 안 된다는 것이다.

존 맥아더 목사가 쓴 《굳게 서라》라는 책이 있는데, 그 책에 나오는 예화가 참 재밌다. 어떤 남편이 자기 아내에게 하는 이야기이다.

"이제는 당신을 사랑하지 않지만, 걱정하지 마. 변하는 건 없을 테니. 계속 돈 벌어다 주면서 당신과 함께 먹고, 자고, 차 타고, 아이들의 아버지가 되어줄게. 모든 게 똑같을 거야. 여전히 남편 노릇을 할게. 다만 당신을 더 이상 사랑하지 않을 뿐이야."

만약 어떤 아내가 자기 남편에게 이런 이야기를 듣게 된다면, 죽고 싶을 만큼 비참해질 것이다.

'우리 남편은 여전히 돈 벌어서 생활비를 준다는구나. 아이들 아빠 노릇도 잘 하겠다는 거네. 그거면 됐지 뭐. 별 문제 없네.'

이 말을 이렇게 받을 아내가 어디 있겠는가? 어떤 부연 설명을 갖다 붙여도 그 아내가 충격을 받는 부분은, 남편이 더 이상 자기를 사랑하지 않는다는 사실 아닌가? 이것이 바로 21절의 '그러나' 이전의 삶을 사는, 율법을 의지하던 사람들의 모습이라는 것이다.

'하나님, 걱정하지 마세요. 주일마다 교회에 왔던 저인데, 제가 갈 곳이 어디 있겠습니까? 교회는 계속 나올 거예요. 그러니 걱정하지 마세요. 헌금도 계속 하겠습니다. 봉사도 하면 되는 거 아니에요? 그러나 제게 사랑은 기대하지 마세요.'

말로 표현하지는 않지만 혹시 지금 우리 신앙의 형태가 이런 것은 아닌가? 우리는 과연 이 남편과 같은 신앙생활을 하고 있는 것은 아닌가?

율법의 자리에서 은혜의 자리로

그러면 여기서 중요한 것이 무엇인가? 바울은 21절에 나오는 '그러나'라는 접속사를 가지고 유대인들을 비롯하여 우리에게 중요한 대안을 제시하고 있는데, 21,22절을 다시 보자.

> (그러나) 이제는 율법 외에 하나님의 한 의가 나타났으니 율법과 선지자들에게 증거를 받은 것이라 곧 예수 그리스도를 믿음으로 말미암아 모든 믿는 자에게 미치는 하나님의 의니 차별이 없느니라
>
> 롬 3:21,22

이 말씀은 앞으로 바울이 제시하게 될 말씀들을 요약해놓은 것인데, 한 마디로 이제 더 이상 21절 이전의 상태인 '율법'에 머물지 말고 '그러나'라는 접속사를 타고 예수 그리스도를 믿는 믿음으로 '은혜'의 자리로 나아가야 한다는 것이다. 24절도 보라.

> 그리스도 예수 안에 있는 속량으로 말미암아 하나님의 은혜로 값없이 의롭다 하심을 얻은 자 되었느니라 **롬 3:24**

오래 교회는 다니고 있지만, 여전히 'BC'의 삶을 사는 사람이 많다. 교회는 다니지만, 하나님의 영향은 받지 않은 채 살아가는 사람이 많다. 행위로 613가지의 율법은 다 드리지만 마음을 드리지 않는 것을 하나님은 기뻐하지 않으신다.

경험할 때 확신이 생긴다

그런데 여기서 한 가지 짚고 넘어가야 할 중요한 사실이 있다. 이런 권면을 하는 바울도 사실은 유대인이요 바리새인 아닌가? 자기도 율법의 자리에 섰던 사람이었는데, 어떻게 AD의 삶으로 전환되어 이런 확신에 찬 권면을 하고 있을까?

앞 장에서 내가 강아지를 키우게 된 이야기를 했는데, 사실 내게 강아지를 선물해주신 그 강아지의 원 주인이 가진 확신이 참 대단하다고 생각한다. 생각해보라. 나에게 묻지 않고 강아지를 사무실에 맡기고 가버린 것은 사실 위험한 시도 아닌가? 만약 내가 그 호의를 좋게 받지 못하고 직원에게 화를 내면서 "왜 이런 것을 받았느냐? 왜 돌려준다고 말도 못 하고 나에게 건네주느냐?"라고 했다면 관계가 깨어지는 것 아닌가? 그런데 그 분이 이런 위험을 무릅쓰고 이 같은 행동을 감행한 이유가 무엇일까? 대답은 간단하다. 확신이 있었던 것이다.

'사모님이 잘 몰라서 저러시는데 강아지를 하룻밤만 데리고 있으면 반드시 마음이 바뀔 것이다.'

그리고 그 분의 확신은 결과적으로 100퍼센트 예상 적중이었다. 그러면 그 분은 어떻게 이런 확신을 가졌을까? 대답은 간단하다. 자기가 먼저 경험했기 때문이다.

'나도 그랬다. 나도 강아지 안 좋아했다. 그런데 경험해보니 그게 아니다.'

경험에서 나온 자기확신이 이런 놀라운 행동을 하게 만든 것이다. 정말 3주 만에 대반전이 일어났다. 처음 강아지를 받고는 당황한 것이 사실이다. 아내는 화까지 냈다. 그랬는데 지금 우리 집에서 강아지를 가장 사랑할 뿐 아니라 가장 가깝게 지내는 사람이 아내이다. 강아지를 두고 가신 그 분은 결국 이렇게 되리라고 확신하고 있었던 것이다. 나는 그 분의 이런 확신이 대단하다고 생각한다.

예수 그리스도를 아는 지식

한번 생각해보라. 우리 아내가 가지고 있던 과거의 지식에는 틀린 것이 없었다.

"강아지는 털 날린다. 피부에 안 좋다. 강아지를 키우면 돈이 많이 든다. 아무 데나 똥 싸고 오줌 싼다."

아내는 이런 이유로 강아지 키우는 것을 반대했었다. 다 맞는 말이다. 실제로 키워보니 진짜 그렇다.

하지만 아내를 무력하게 만든 것이 무엇인가? 아내가 몰랐던 것이 무엇인가? 사랑을 몰랐다. 비록 미물이지만 사랑이 개입될 때, 관계가 개입될 때 이론적으로 알고 있던 과거의 모든 지식은 다 무력한 지식이 되는 것이다. 사랑이 개입되니 귀찮아하기는커녕 휘파람 불면서 목욕시키고, 똥오줌 치워주고, 심지어는 이빨도 닦아준다. 이론으로 꽉 차 있던 생각이 하룻밤 데리고 자면서 경험한 사랑이 개입된 지식으로 완전히 뒤바뀌었다.

우리가 가지고 있는 영적인 지식 역시 바로 이런 것이다. 이론으로 받아 적으면서 하나님에 대해서 안다고 하지만, 그것은 힘이 없다. 신앙은 이론을 세우는 것이 아니다. 신앙은 경험하는 것이다.

바울이 어떻게 이런 확신을 가지고 권면할 수 있었는가? 다메섹 도상에서 예수 그리스도를 만났기 때문에, 하나님이 자기 인생에 어떤 은혜를 주셨는지에 대한 뜨거운 경험이 있었기 때문에 그럴 수 있었던 것이다.

빌립보서 3장에 바울이 자기가 변화된 이유와 자기 모습에 대해 설명하는 부분이 나오는데, 그는 BC의 삶을 살던 때의 자신의 모습을 이렇게 표현한다.

> 그러나 나도 육체를 신뢰할 만하며 만일 누구든지 다른 이가 육체를 신뢰할 것이 있는 줄로 생각하면 나는 더욱 그러하리니 나는 팔일 만

에 할례를 받고 이스라엘 족속이요 베냐민 지파요 히브리인 중의 히브리인이요 율법으로는 바리새인이요 열심으로는 교회를 박해하고 율법의 의로는 흠이 없는 자라 빌 3:4-6

"내가 613가지 율법을 다 지켰던 사람이다!" 이런 이야기 아닌가? 바울이 자기를 묘사하는 글을 읽어보면, 그는 찔러도 피 한 방울 안 나올 사람 같다. 유대인도 보통 유대인이 아니라 고집 센 유대인이며, 바리새인도 그냥 바리새인이 아니라 아주 악랄한 바리새인이다. 이런 사람을 누가 바꾸어놓을 수 있겠는가? 그런데 그의 인생에 어떤 일이 벌어졌는가?

그러나 무엇이든지 내게 유익하던 것을 내가 그리스도를 위하여 다 해로 여길뿐더러 또한 모든 것을 해로 여김은 내 주 그리스도 예수를 아는 지식이 가장 고상하기 때문이라 빌 3:7,8

여기서도 '그러나'라는 접속사가 바울의 인생을 BC에서 AD로 바꾸어놓는 '능력의 그러나'로 쓰이고 있다. 바울의 이전 가치관, 즉 예수님을 알기 이전인 BC의 가치관이 완전히 뒤집혀버렸다. 그토록 중요하다고 여기며 자랑하던 모든 것이 다 시시해져버렸다는 것이다. 어떻게 이렇게 되었는가? 이 한 마디로 설명된다. "내 주 그리스도 예수를 아는 지식"이 그렇게 만들었다는 것이다.

성경에서 말하는 지식은 이론적으로 쌓인 지식이 아니다. '지식'이란 뜻의 히브리어 '야다'는 그냥 지식이 아니라 '체험적으로 알게 된 지식'을 말한다. 여기서 바울이 '내 주 그리스도 예수를 아는 지식'이라고 표현한 것 역시 같은 맥락이다.

다시 말해, 바울에게 어떻게 자기 생각을 바꾸는 그리스도 예수를 아는 지식이 생겼는가? 그가 다메섹 도상에서 예수님을 만나고, 그 이후로 그분이 자신의 삶을 어떻게 변화시키셨는지 경험하자 그것이 '그리스도 예수를 아는 지식'이 되어 확신 있는 증거자의 삶을 살게 한 것이다. 마치 강아지 주인이 강아지를 직접 키워보니 좋았다는 경험에서 나온 지식이 확신을 가지고 내게 강아지를 선물해주는 행동을 취하게 만든 것처럼 말이다.

이런 맥락에서 우리는 두렵고 떨리는 마음으로 질문해야 한다. 나에게는 경험에서 나오는 확신에 찬 지식이, 그리고 감격이 있는가?

삶을 변화시키는 만남의 경험

얼마 전 세례식 때, 세례 받는 분들을 대표하여 몇 분이 간증을 했는데, 그중에서 한 분의 간증이 내 마음에 남았다. 복음이 얼마나 놀라운 은혜가 되는지를 보여주는 귀한 간증이었다. 그 내용을 일부만 인용해보려고 한다. 세례를 받을 당시, 이분은 예수님을 영접한 지 딱 1년밖에 안 되었었다.

작년 9월, 저는 잊을 수 없는 은혜로 예수님을 영접하게 되었습니다. 저는 미션스쿨인 중학교와 강제로 채플에 참석해야 하는 대학교를 다녔지만, 살아오면서 보아온 기독교인들의 부정적인 모습을 비판하면서 나 자신은 결코 기독교인은 되지 않을 것이라고 자신했습니다. 상식적으로, 도덕적으로 살려고 애쓰면 된다고 생각했습니다.

이것은 우리 아내가 강아지에 대해 가지고 있었던 BC의 지식과 같은 상황 아닌가? 이런 이분이 어떻게 변화되었는지 보라.

그러던 제게 10년 전에 자식을 잃는 일이 있었습니다. 선천성 심장병으로 태어나 자주 아팠던, 하나밖에 없는 딸아이였습니다. 저희 결혼기념일까지 챙기는 착하고 사랑스러운 초등학교 6학년 아이였습니다. 위급해서 한 수술도 아니었는데, 실패 확률이 5퍼센트밖에 안 된다고 했었는데, 아이는 3개월 동안 고생만 하다가 저희 곁을 떠났습니다.
저희 부부는 주변 사람들로부터 위로보다 상처를 더 많이 받았습니다. 손아래 사람의 죽음이어서 그랬을까요? 아니면 저희가 괴로울까 봐 일부러 그랬을까요? 사람들의 공감 없는 말 한 마디를 들을 때마다 저희는 세상으로부터 한 발자국씩 멀어져갔습니다. … 저는 슬픔과 분노, 고통 받고 있던 마음을 불경에 의지해 치유하려고 애썼습니다. 하지만 상처와 고통들은 이미 제 삶 속에 깊숙이 스며들어 제 몸과 마음을 점점 망가뜨리고 있었던 것 같습니다. 앞으로 살아내야 할 시간들이 자신 없고 허무하게만 느껴져 소망 없는 미래가 자주 저를 무기력하게 만들었습니다. 이런 저를 위해 동생과 지인들의 기도와 권면이 있었지만, 저는 나와는 다른 세계의 이야기라고 생각하고 계속 무시했습니다.

하지만 무슨 연유인지 작년 3월에 분당우리교회의 '성경탐구'를 한번 들어볼 마음이 생겼습니다. 분당우리교회 신자도 아닌 제가 어색한 마음으로 갔던 강의 첫날, 강의가 시작되기 전에 찬양의 첫 소절을 따라 부르다가 저도 모르게 갑자기 눈물을 펑펑 흘리고 말았습니다. 당황스럽게도 눈물은 쉽게 멈추지 않았습니다. 그리고 강의를 듣는 중에 내가 믿고 있는 것들이 옳지 않을 수 있다는 생각이, 내가 알고 있던 세상이 전부가 아니라는 생각이 들기 시작했습니다. 또 평소에 '내가 왜 남의 나라 역사를 알아야 하지?'라고 생각했는데, 성경에 등장하는 모든 사람이 바로 나 자신일 수도 있다는 생각이 들었습니다. 강의가 진행될수록 성경에 무엇이 쓰여 있는지 궁금해졌고 강의가 다 끝난 후에 한번 스스로 읽어보고 싶어졌습니다.

그러던 9월 19일 저녁, 성경을 읽고 난 후에 세수를 하던 저는 갑자기 꺼억 꺼억 울음을 토해내기 시작했습니다. 그리고 저도 모르게 "저는 죄인입니다"라고 고백했습니다. 그러고 나서 몸이 떨리며 그전까지는 제가 알지 못했던 말들을 고백했습니다.

그 순간 저는 저절로 알 수 있었습니다. 제가 예수님을 영접했다는 사실을. 그리고 동시에 꽉 움켜쥐고 있었던 슬픔과 분노의 고통이 한순간에 툭 내려놓아지는 것을 느꼈습니다. 마음은 깃털처럼 가벼워지고 평강으로 가득 찼습니다. 이런 평강과 기쁨은 제 평생 느껴본 적이 없었습니다.

드디어 9월 28일, 저는 잊을 수 없는 기쁨과 설렘으로 우리 교회에서 첫 예배를 드렸습니다.

"하나님과 함께하는 인생은 중심축이 있는 인생이며 갈수록 좋아지는 인생이다."

그날 주신 목사님 말씀처럼 제 삶의 방황을 끝내주신 주님만 따라가기를, 그리고 구원의 기쁨으로 많은 사람에게 복음을 전하는 삶이 되기를 간구합니다.

주님을 영접한 그날 이후, 저는 지난 10년 동안 고통 받았던 불면증에서 벗어나 단잠을 잘 수 있게 되었고, 하루 종일 TV를 켜놓지 않으면 불안했던 제가 오히려 TV를 꺼놓는 바람에 남편이 석 달 동안 뉴스조차 보지 못한 일도 있었습니다. 심한 영적 갈등을 빚었던 불교도인 남편도 지금은 함께 예배를 드리며 다섯 번째 성경 통독을 하고 있습니다.

돌이켜보면 내가 내 삶의 주인이라고 생각했던 지난 50년, 마음 둘 곳 없어 외롭고 힘겨운 나날이었습니다. 그러나 주님은 소망 없던 제 삶을 소망 있는 삶이 되게 하셨습니다. 참으로 신실한, 제 삶의 주인이십니다. 주님은 평생 느껴보지 못했던 자유와 평강이 제 마음에 넘쳐흐르게 하셨습니다. 참으로 놀라운 치유의 하나님이십니다.

주님은 날마다 기도와 말씀 그리고 예배를 통해 연약한 저를 깨우쳐 주십니다. 저보다 저를 더 잘 알고 계시는 하나님이십니다. 그러고 보니 태어나서 살아온 지금까지 주님 아니고 저 된 것은 하나도 없습니다. 죄 없으신 예수님이 나 같은 죄인을 위해 십자가에서 피 흘리신 그 사랑에 오늘도 눈물이 납니다.

끝으로 저는 오늘 예수님과의 혼례 잔치에 오신 모든 성도 앞에서 신부인 저의 사랑을 다음과 같이 고백하려고 합니다. 예수님을 처음 영접하던 작년 9월 19일, 그날의 일기장에 씌어 있는 저의 고백, 그전까지 제가 알지 못했던 바로 그 말씀입니다.

"주는 그리스도시며, 살아 계신 하나님의 아들이시며, 우리를 위하여 십자가에서 죽으시고 사흘 만에 부활하셨습니다. 믿습니다. 믿습니다."

BC의 삶에서 AD의 삶으로 넘어가자

이분은 교회를 다닌 것도 아니고, 어떤 대단한 목사님을 만나 공부한 것도 아니다. 그냥 성경만 읽었다. 그런 그가 예수님을 영접하고, 이론이나 논리가 아니라 사건으로 예수님을 경험한 것이다. 이 사실이 내게 얼마나 큰 기쁨이 되었는지 모른다. 바울이 다메섹 도상에서 경험했던 그 놀라운 사건이 2천 년이 지난 오늘 우리 가운데서도 일어나고 있다는 것을 확인하자, 그것이 내게 큰 기쁨과 확신이 된 것이다.

그러면서 담임목사인 내가 먼저 정신 차려야겠다는 생각을 했다. 예수님을 믿은 지 이제 1년밖에 안 된 자매가 이렇게 확신을 가지고 주님을 기뻐하며 찬양하는데, 목사인 나는 이론만 가지고 설교하지 않도록 더욱 정신 차려야 하는 것 아니겠는가? 자식을 잃은 슬픔을 기쁨으로 바꾸어주시는 살아 계신 주님을 만나는 그 기쁨을 나도 알아야 설교를 할 수 있는 것 아니겠는가?

교회 중직자들부터 정신 차려야 한다. 교회 오래 다닌, 경험이 아닌 지식으로만 신앙생활 하는 우리 모두가 정신 차려야 한다. 바울을 변화시켜주신 하나님이 오늘도 일하고 계시다면, '반전의 그러나'를 가지고 BC의 상태에 머물러 있던 우리의 인생을 예수님을 만난 이후의 AD의 삶으로 바꾸어주신다면 우리가 그것을 맛보아 알아야 하지 않겠는가? 경험에서 나오는 그 확신이 우리 안에 회복되어야 한다. 오래 잊고 있던 십자가 사랑에 대한 감격이 회복되는 귀하고 복된 은혜가 우리 가운데 온전히 넘치기를 간절히 바란다.

로마서 3:19-26

우리가 알거니와 무릇 율법이 말하는 바는 율법 아래에 있는 자들에게 말하는 것이니 이는 모든 입을 막고 온 세상으로 하나님의 심판 아래에 있게 하려 함이라 그러므로 율법의 행위로 그의 앞에 의롭다 하심을 얻을 육체가 없나니 율법으로는 죄를 깨달음이니라 이제는 율법 외에 하나님의 한 의가 나타났으니 율법과 선지자들에게 증거를 받은 것이라 곧 예수 그리스도를 믿음으로 말미암아 모든 믿는 자에게 미치는 하나님의 의니 차별이 없느니라 모든 사람이 죄를 범하였으매 하나님의 영광에 이르지 못하더니 그리스도 예수 안에 있는 속량으로 말미암아 하나님의 은혜로 값없이 의롭다 하심을 얻은 자 되었느니라 이 예수를 하나님이 그의 피로써 믿음으로 말미암는 화목제물로 세우셨으니 이는 하나님께서 길이 참으시는 중에 전에 지은 죄를 간과하심으로 자기의 의로우심을 나타내려 하심이니 곧 이때에 자기의 의로우심을 나타내사 자기도 의로우시며 또한 예수 믿는 자를 의롭다 하려 하심이라

CHAPTER 12
삶으로 맛보는 복음의 능력

유대인의 딜레마

보통 난감한 일을 당했을 때 '딜레마에 빠졌다'라는 표현을 쓴다. '딜레마'의 어원은 '둘 혹은 두 번'이란 뜻의 헬라어 '디'와 '제안, 명제'라는 뜻의 '레마'가 합쳐진 합성어로, 별로 좋지 않은 두 가지 중에서 무조건 선택해야 하는 난감한 상황을 뜻하는 단어이다. 영어에서는 '딜레마에 빠지다'란 말을 황소의 두 뿔(horns)에 비유하여 'on the horns of a dilemma'라고 표현한다. '황소의 두 뿔 중에서 어느 하나를 잡아도 다른 하나에 받히기 때문에 이러지도 저러지도 못하는 상태'가 딜레마라는 것이다.

본문을 묵상하다가 '딜레마'라는 단어가 불쑥 떠올랐던 것은, 예수님 당시의 복음을 모르는 유대인들의 상태가 딱 이와 같다는 생각이 들었기 때문이다. 하나님과 담 쌓고 제멋대로 살면 세리와 창녀로 표현되는 막장 인생으로 떨어져버리고, 그런 저질 인생이 싫어서 어떻게든 율법을 붙잡고 노력하다보면 서기관이나 바리새인 같은 종교적 위선자가 되어 더 역겨운 인생이 되어버리니, 그야말로 '딜레마' 아닌가?

바로 이것을 표현한 것이 로마서 3장 20절이다.

> 그러므로 율법의 행위로 그의 앞에 의롭다 하심을 얻을 육체가 없나니 율법으로는 죄를 깨달음이니라 롬 3:20

율법을 지키지 않고 제멋대로 살자니 타락의 자리에 빠지는 것 같고, 율법을 지키려고 애쓸수록 율법으로는 절대로 하나님의 의에 이를 수 없는 죄인 된 자신의 모습만 부각되니, 이럴 수도 저럴 수도 없는 상황이다.

하나님이 주신 대안 : 예수님을 믿는 믿음

하나님께서는 이런 상태에 빠져버린 인생을 불쌍히 보시고 새로운 대안을 제시해주셨다.

> (그러나) 이제는 율법 외에 하나님의 한 의가 나타났으니 율법과 선지자들에게 증거를 받은 것이라 곧 예수 그리스도를 믿음으로 말미암아 모든 믿는 자에게 미치는 하나님의 의니… 롬 3:21,22

율법이라는 늪에 빠져 이러지도 저러지도 못한 상태로, 가만히 있자니 죽을 것 같고 살아나려고 버둥거릴수록 점점 더 늪에 빠져가는 인생을 불쌍히 보셔서 하나님께서 '예수 그리스도를 향한 믿음'이라는 새로운 대안을 주신 것이다.

그러면 하나님이 주신 대안인 '예수님을 믿는 믿음'이 무엇인가? 바로 이 부분을 설명한 것이 25절이다.

> 이 예수를 하나님이 그의 피로써 믿음으로 말미암는 화목제물로 세우셨으니 롬 3:25

이 말씀에 따르면 '믿음'이 무엇인가? 예수님이 병을 고쳐주시고, 귀신을 쫓아내주시고, 각종 기적을 베풀어주시고, 이런저런 어려움을 해결해주시는 것을 믿는 믿음도 물론 필요하다. 하지만 이런 것은 믿음의 중심이 아니다. 하나님이 원하시는 믿음의 핵심은 '그의 피'를 믿는 믿음이다. 그래서 교회에서는 '피'에 대한 이야기를 많이 한다.

예수 그리스도의 피를 믿는 믿음

그러면 이런 질문이 생긴다. '그의 피'가 무엇을 의미하기에 '그의 피'를 믿는 것이 믿음의 핵심이라고 하는가? '그의 피를 믿는 것'은 또 무엇인가? 바로 이 질문에 바울은 두 가지 용어로 설명하는데,

'속량'과 '화목제물'이 그것이다.

예수의 피를 내어주시고 속량해주심

'속량'은 24절에 나온다.

> 그리스도 예수 안에 있는 속량으로 말미암아 하나님의 은혜로 값없이 의롭다 하심을 얻은 자 되었느니라 롬 3:24

'속량'은 예수님을 믿는 사람들만 쓰던 기독교적인 용어가 아니라, 당시 사회에서 통용되던 단어였다. 그 당시 노예의 지위는 인간이 아니라 짐승과 마찬가지였는데, 속량이란 누군가 노예시장에서 막대한 돈을 지불하고 노예를 산 뒤에 받은 노예증서를 그 노예가 보는 앞에서 찢어버리며 자유를 선언하는 행위를 말한다.

"너는 이제 해방이다. 더 이상 노예가 아니다."

하나님과의 관계가 깨어져 하나님과 원수 되고 영적으로 죄악의 노예가 된 우리를 예수 그리스도께서 속량해주셨다는 것이다. 그런데 그 속량은 돈을 지불하고 이루어진 것이 아니라, 예수 그리스도의 피, 곧 그분의 생명을 내어주시고 이루어졌다.

> 우리는 그리스도 안에서 그의 은혜의 풍성함을 따라 그의 피로 말미암아 속량 곧 죄 사함을 받았느니라 엡 1:7

십자가에서 흘리신 피로 화목게 하심

'화목제물'이라는 용어도 마찬가지다. 25절을 보자.

> 이 예수를 하나님이 그의 피로써 믿음으로 말미암는 화목제물로 세우셨으니 롬 3:25

인간의 범죄로 인한 하나님의 진노를 거두게 하는 제사가 바로 '화목제'이다. '화목제'는 히브리어로 '슐라밈'인데, 이 단어는 우리가 잘 아는 '샬롬'과 같은 어원에서 파생되었으며, '조화, 안녕, 평화'를 뜻한다.

그러니까 '화목제'는 죄로 말미암아 원수 되었던 하나님과 그 백성 사이의 관계를 다시 회복시키는 의식인데, 하나님이 예수님을 그 제물로 삼으셨다는 것이다. 즉, 예수님이 짐승의 피가 아닌 그분 자신을 내어주심으로 십자가에서 흘리신 그 피를 통해 원수 된 하나님과 우리의 관계를 회복시켜주셨다는 것이다.

> 곧 우리가 원수 되었을 때에 그의 아들의 죽으심으로 말미암아 하나님과 화목하게 되었은즉 롬 5:10

바로 이런 이유로, 믿음의 핵심이 '예수 그리스도 그분의 피'를 믿는 것이라는 것이다.

이 말씀을 묵상하다가 어릴 때부터 많이 불렀던 찬양이 하나 떠올랐다. 어린 시절 나는 이 찬양을 '못 하네 시리즈 찬양'이라고 불렀다.

울어도 못 하네 눈물 많이 흘려도 겁을 없게 못 하고
죄를 씻지 못 하니 울어도 못 하네

힘써도 못 하네 말과 뜻과 행실이 깨끗하고 착해도
다시 나게 못 하니 힘써도 못 하네

참아도 못 하네 할 수 없는 죄인이 흉한 죄에 빠져서
어찌 아니 죽을까 참아도 못 하네

믿으면 되겠네 주 예수만 믿어서 그 은혜를 힘입고
오직 주께 나가면 영원 삶을 얻네

어떻게 보면 동요같이 단순하고 유치한 찬양이지만, 이 찬양이 무엇을 의미하는지 잘 알던 윗대 어른들은 눈물로, 기쁨으로 이 찬양을 불렀다. 우리도 십자가의 도를 머리로 아는 것이 아니라 자기 가슴으로, 삶을 통해 경험하고 나면 이 찬양을 부르며 눈물 흘리지 않을 수 없을 것이다.

나는 로마서의 이 말씀이 논리나 이론으로, 머리로만 받아들여지고 이해되는 것이 아니라, 하나님이 대안으로 주신 예수 그리스도, 십자가에서 흘리신 그분의 피가 우리를 구원하는 능력이 되었다는 사실을 우리 가슴으로 느끼고, 삶으로 경험하는 은혜가 있기를 무엇보다 간절히 바란다.

진리는 단순하다. 사람과 사람 사이의 관계에서 '사랑해'라는 가장 단순한 말에 큰 능력이 있는 것처럼, 예수 그리스도의 피에 가장 큰 능력이 있으며 그것을 믿는 것이 믿음의 핵심이다.

그래서 이제 본문을 중심으로, 내가 정말 성숙한 그리스도인인지를 점검하는 세 가지 질문을 나눠보려고 한다. 이 질문을 자기 스스로에게 던져 자신의 믿음을 면밀히 살피고 점검해보기 바란다.

율법이냐, 은혜냐?

첫째 질문, 율법을 의지하는 삶이냐, 십자가로 상징되는 은혜를 의지하는 삶이냐?

참 중요한 질문이다. 우리는 이 말씀을 잊어서는 안 된다.

> 그리스도 예수 안에 있는 속량으로 말미암아 하나님의 은혜로 값없이 의롭다 하심을 얻은 자 되었느니라 **롬 3:24**

우리는 그리스도 예수 안에 있는 속량으로 말미암아 '은혜로' 값없이 의롭다 하심을 얻었다. 따라서 내 노력으로 구원을 얻기 위해 애쓰고 율법을 추구하는 신앙생활이 되어서는 안 된다.

언젠가 교회 홈페이지 게시판을 보는데, 성도 한 분이 '로이드 존스 목사님의 마지막 설교문'이라는 글을 올려주었다. 조금만 인용해보자.

> 기독교는 내가 무엇을 행하느냐, 행하지 않느냐가 문제가 아닙니다. 기독교는 내가 다른 사람보다 얼마나 더 나으냐의 문제가 아닙니다. 기독교는 내가 이전보다 얼마나 더 변화되고 나아졌느냐의 문제가 아닙니다. 기독교는 절대 그런 것이 아닙니다. 그러니 모든 것을 잊고 그리스도를 바라보십시오. 그러면 그분의 흠 없고 완전한 의가 보일 것입니다. 여러분이 그분을 믿으면 그분의 의가 여러분에게 주어지고 여러분은 그분의 의를 입게 될 것입니다.

이 글을 보자마자 컴퓨터에 저장해두었다. 내가 나누고 싶은 내용의 핵심이었기 때문이다. 복음이 무엇인지, 신앙생활이 무엇인지, 내 힘으로 율법을 지켜 이루는 구원이 아니라 자격 없는 자에게 은혜로 주시는 구원에 대해서, 십자가에 생명을 내어주신 그분의 보혈을 믿는 믿음에 대해서 명확하고 간결하게 표현하는 이 글이 참 좋았다. 로이드 존스 목사님의 말씀처럼 복음은 내가 무엇을 행하느냐 행하지 않느냐 혹은 내가 다른 사람보다 얼마나 나으냐의 문제가 아니다.

복음은 하나님과의 관계 회복의 문제이다. 이 땅에 죄가 왜 들어왔는가? 하나님을 의지하는 마음을 깨뜨리고 선악과를 따 먹음으로 독립하고자 하여 죄가 들어온 것 아닌가? 죄가 그렇게 들어왔다면, 은혜는 십자가를 통해 그분과의 관계가 회복되는 것을 말한다. 그리고 그 일을 위하여 예수 그리스도의 피를 대가로 지불하시고 우리를 속량해주신 것을 말하는 것이다. 그렇기 때문에 은혜는 관계 회복의 문제이고, 위탁의 문제이다. 내 힘으로 뭐라도 해보려고 버둥거리는 것은 복음이 아니다.

내가 지금보다 더 젊었을 때도 '은혜'에 대해 많이 설교했었다. 특히 십자가 은혜에 대해 많이도 외치고 부르짖었다. 그런데 지금 생각해보면 그때는 깊은 깨달음 없이 전했던 것 같다. 율법이 아니라 은혜라고 외치면서도 실상은 여전히 내 힘으로 살아내고자 하는 의지가 살아 있을 때가 많았던 것 같다. 우리가 '은혜, 은혜' 하면서 입으로 떠든다고 은혜의 삶을 사는 것이 아니다. 진짜 은혜가 내 안에 있으면 내 삶의 위탁이 나타난다. 자꾸 내가 뭘 해보겠다고 힘이 들어가는 것은 은혜가 아니다. 은혜는 십자가로 인해 값없이 의롭다 함을 입게 되었다는 사실을 철저하게 인식하는 것이다. 나는 기도한다. 이 땅의 모든 크리스천이 율법을 의지하는 삶이 아니라 하나님만을 의지하고 하나님께 자기 인생을 위탁하는 진정한 은혜의 삶을 살게 되기를 말이다.

십자가 은혜에 대한 감격

둘째 질문, 십자가 은혜에 대한 감격이 있는가?

율법만을 강조하며 내 행위와 내 의의 도덕성을 추구하는 사람들에게서는 절대로 나타나지 않고, 은혜를 의지하는 사람에게만 나타나는 열매가 하나 있는데, 그것은 '은혜에 대한 감격'이다.

> (그러나) 이제는 율법 외에 하나님의 한 의가 나타났으니 율법과 선지자들에게 증거를 받은 것이라 롬 3:21

〈박윤선 주석〉을 찾아보니, 여기에 나오는 '이제는'이라는 단어를 이렇게 설명했다.

> 힘 있게 말하는 어투이다. 이 역설체는 기쁨에 넘치는 새 시대의 출현을 지적한다. 이 '이제는'은 대환희의 폭발 대감사의 연출을 일으키는 것이다.

우리가 성경을 글로 읽어서 놓치는 것이 많은 것 같다. 이 뿔을 잡으면 저 뿔이 나를 찌르고, 저 뿔을 잡으면 이 뿔이 나를 찌를 것 같은 딜레마에 빠져서 가만히 있을 수도 없고 발버둥 치면 도리어 더 깊은 늪 속으로 빠져드는 것 같은 절망적인 상태에 놓여 있는 우리를 향해 바울이 "그러나 이제는"이라고 말할 때에 그가 가졌던 감격이 어땠을지 상상해보라. 만약에 연극배우가 이 장면을 표현한다면 얼마나 격한 표정으로 이 사실을 선포하겠는가? 구원 받은 우리에게 이 감격이 있는가?

은혜로 구원 받아 신앙생활을 하고 있는데, 이런 가슴 벅찬 감격이 없다면 보통 문제가 아니다. 이미 여러 번 언급했지만, 바울이 로마서를 왜 썼는가? 그 대상이 누구인가?

> 그러므로 나는 할 수 있는 대로 로마에 있는 너희에게도 복음 전하기를 원하노라 롬 1:15

> 먼저 내가 예수 그리스도로 말미암아 너희 모든 사람에 관하여 내 하나님께 감사함은 너희 믿음이 온 세상에 전파됨이로다 롬 1:8

사도 바울 안에 있는 복음으로 인한 감사와 감격이 그를 가만히 내버려두지 않았다. 그것이 큰 에너지가 되어 무엇이라도 해서 주님을 기쁘시게 해드리고 싶은 마음으로 충만했다. 그리고 이미 믿음 좋기로 소문난 로마교회 성도들이지만 그들에게 다시 한번 '율법이 아니라 복음이 능력'임을 전해주고 싶은 열망이 넘쳤다. 그 열정이 "로마에 있는 너희에게도 복음 전하기를 원하노라"라는 말씀 안에 다 녹아 있다.

> 내가 복음을 부끄러워하지 아니하노니 이 복음은 모든 믿는 자에게
> 구원을 주시는 하나님의 능력이 됨이라 롬 1:16

머리로만 아는 복음은 유치하다. 그런데 유치한 것 같은 그 내용들이 내게 얼마나 능력이 되고, 감격이 되는지 맛보는 것이 신앙생활이다.

내가 이십 대 때 이민을 가서 적응을 제대로 못해서 나 스스로 사회 부적응자 같고, 내가 할 수 있는 것이라고는 기타나 치고 여학생이나 따라다니는 것밖에 없는 것 같고, 그야말로 사방이 꽉 막힌 말 그대로 딜레마에 빠진 것 같은 상황이었다.

그런 식의 답답한 생활이 계속되니까 이대로 있다가는 내 삶이 와해될 것 같은 두려움이 찾아왔다. 대안이 필요했다. 그래서 결단하고 한국 방문에 나섰다. 한국에 살던 누나 집에서 세 달을 얹혀 지냈다. 세 달 내내 그리웠던 친구와 선배를 찾아 밤늦게까지 대화를 나누기도 하고, 내가 다니던 대학교 캠퍼스를 거닐며 옛 생각에 잠기기도 했다. 신기한 것은 한국에 도착하자마자 미국에서 있었던 모든 불안하고 답답한 증상들이 안개처럼 사라지는 것이다.

그렇게 황홀한 세 달을 지내다 다시 미국에 돌아가는 비행기를 탔는데, 당황스러운 것은 한국에 도착하면서부터 사라졌던 증상이 바로 다시 시작되는 것이다. 미국으로 되돌아갈 것을 생각하니 또다시 죽을 것 같은 두렵고 답답한 마음이 밀려왔다. 그날을 지금도

잊지 못한다. 하염없이 한숨을 쉬면서 '이 비행기가 시카고로 돌아가는 비행기가 아니라 한국에 도착하는 비행기면 얼마나 좋을까?' 하는 생각만 했다. 그야말로 도살장으로 끌려가는 소의 심정이 이런 것인가 하는 생각이 들 정도였다. 이처럼 힘들어했던 것이 초기 이민 생활이었다.

몇 년 전엔가 미국 집회를 다녀오는데, 문득 그때의 일이 떠올랐다. 그러면서 내 안에 감격이 일어났다. 당시에는 나를 짓누르는 삶의 무게가 너무 벅차고 무거워 견딜 수가 없었다. 내 힘으로 그 무거운 짐과 무게를 어떻게 할 수 있는 힘이 없었다. 그랬는데 25년이 지난 지금 내 삶을 되돌아보면 내 앞을 가로막고 있던 태산 같은 장애물이 다 없어졌다. 그야말로 태산 같은 장애물을 거뜬히 넘고 여기까지 달려왔다. 그리고 그 태산 같은 장애물을 거뜬히 넘을 수 있는 원동력은 내가 가진 힘과 능력이 아니라 십자가 은혜가 주는 능력임을 깨닫게 된 것이다. 이것이 나를 감격하게 만들었다.

당시에 미국으로 되돌아가는 것을 왜 그토록 힘들어했었나 생각해보니 외로움과 두려움 때문이었다. 당시에 처음으로 겪는 낯선 외국 생활을 견뎌내는 것이 너무나 벅차고 힘든데 그 모든 힘든 현실을 '나 혼자' 헤쳐 나가야 한다는 것이 나를 두렵게 했다.

그랬는데 주님을 인격적으로 만난 이후의 나의 삶을 보면 더 이상 홀로 걷는 인생길이 아니었다. 늘 함께하시는 주님과 동행하는 발걸음 있었다. 이런 삶을 누리다 보니 지금은 어디를 가도 마음에 부담이 없는 인생이 된 것이다. 이것이 나를 얼마나 큰 감격으로 몰고 갔는지 모른다.

이런 내 인생의 변화를 깨달으니 감격이 넘치면서 절로 찬양 한 구절이 고백되었다.

> 한량없는 은혜 갚을 길 없는 은혜
> 내 삶을 에워싸는 하나님의 은혜
> 나 주저함 없이 그 땅을 밟음도
> 나를 붙드시는 하나님의 은혜

특히 "내 삶을 에워싸는 하나님의 은혜"라는 한 구절이 감격으로 내 마음에 확 박혔다. 예전에는 내 삶을 에워싸는 것이 온통 아픔, 힘듦, 낙심, 좌절, 원망 같은 것들이었는데, 이제는 내 삶을 에워쌌던 그 모든 부정적인 감정은 사라지고 하나님의 은혜에 대한 감격과 감사만이 내 삶을 에워싸고 있다. 이런 놀라운 변화를 경험하였으니 어떻게 감격하지 않을 수가 있겠는가? 모든 크리스천의 삶에 이 은혜에 대한 감격이 살아나기 바란다. 이 은혜에 대한 감격이 노래가 되어 삶을 뒤덮게 되기를 바란다.

복음의 선포와 능력과 감격

머리로만 아는 복음으로는 이 감격을 절대로 누릴 수 없다. 가끔

나 스스로에게 이렇게 물어볼 때가 있다. 혹시 나는 큰 교회의 목사가 되어서 이렇게 감격하고 사는 것은 아닌가? 결코 그렇지 않다고 단언할 수 있다. 만약에 내가 큰 교회의 목사가 되었기 때문에 생긴 감격이라면 그 감격은 이렇게 오래 지속될 수 없다. 그런 종류의 감격은 금방 시들어버리는 특성이 있기 때문이다. 어떤 상황에서도 빼앗기지 않는 감격, 그것이 복음이 주는 감격이다.

이런 면에서 나는 사도행전 3장 6절 말씀의 장면을 내 머릿속에 그리곤 한다.

> 베드로가 이르되 은과 금은 내게 없거니와 내게 있는 이것을 네게 주노니 나사렛 예수 그리스도의 이름으로 일어나 걸으라 하고 행 3:6

이것이 복음을 선포하는 것 아닌가? 마음이 힘들거나 무기력해질 때면 나는 이 말씀 그대로를 나 자신에게 선포하기도 한다. 왜 그렇게 할까? 이 선포로 인해 나타난 두 가지 결과 때문이다. 어떤 결과가 나타났나? 첫 번째로 보다 본질적인 문제 해결이 일어났다는 사실이다.

> 오른손을 잡아 일으키니 발과 발목이 곧 힘을 얻고 행 3:7

그 거지가 원했던 동전 한두 푼은 한 끼 배는 채워줄지 몰라도 그가 가진 근원적인 문제를 해결할 수 없다. 몇 시간 지나면 또 다시 허기를 느끼게 만드는 무능한 것이 동전 한두 푼이다. 그런데 나사렛 예수 그리스도의 이름은 그가 지닌 본질적인 문제를 해결해주었다. 발과 발목에 힘이 생겨 자리에서 일어날 수 있게 된 것이다. 이 차이를 알겠는가?

그런가 하면 베드로가 선포한 복음으로 그 장애인이 얻게 된 것이 하나 더 있다. 내면에서 솟아오르는 기쁨과 감격이 그것이다.

> 뛰어 서서 걸으며 그들과 함께 성전으로 들어가면서 걷기도 하고 뛰기도 하며 하나님을 찬송하니 행 3:8

때로 이 장면을 생각하면 가슴이 먹먹해진다. 평생 일어설 힘이 없었던 그가 일어서게 된 결과도 아름답지만, 그 결과로 인해 하나님을 찬양하며 뛰어다니는 감격에 찬 그의 모습이 너무 멋지고 아름답다.

오늘 우리가 회복해야 할 모습이 바로 이것이다. 동굴처럼 막혀 있어서 내 힘으로는 결코 뚫을 수 없는 힘든 현실을 뚫어내는 복음의 능력을 경험하고, 그 복음의 능력으로 인해 누릴 수 있었던 벅찬 감격, 사도행전 3장에 나오는 장애인에게 보이는 이 가슴 벅찬 감격을 우리도 회복해야 한다. 복음의 능력이 나타날 때, 전에는 결코 누릴 수 없었던 기쁨과 감격이 회복된다는 사실을 삶으로 경험해야 한다. 은혜의 결과물인 걷기도 하고 뛰기도 하며 하나님을 찬송하는 감격이 우리 삶에서 회복되어야 한다. 이것이 바로 자기 삶을 하나님께 위탁한 사람이 누리는 특권이다. 이 감격을 누리며 사는 크리스천이 더욱 많아지기를 기도한다.

거룩의 열매

셋째 질문, 내 삶에 '거룩'이라는 열매가 나타나고 있는가?

하나님이 그 종을 세워 복 주시려고 너희에게 먼저 보내사 너희로 하여금 돌이켜 각각 그 악함을 버리게 하셨느니라 행 3:26

기록되었으되 내가 거룩하니 너희도 거룩할지어다 하셨느니라
벧전 1:16

나는 믿는다. 믿는 우리가 추구해야 하는 것은 행복이 아니라 거룩이어야 한다고. 그리고 더 중요한 한 가지, 거룩은 내가 만드는 것이 아니라 하나님께서 주시는 선물임을 기억해야 한다. 이 사실을 기억하고 늘 하나님께 기도해야 한다. 하나님의 거룩을 덧입는 인생이 되게 해달라고 말이다.

교회도 마찬가지다. 교회는 '거룩한 성도'들이 모인 공동체여야 함을 잊어서는 안 된다. 이것이 교회가 지닌 가장 강력한 특징이어

야 함을 꼭 기억하라.

> 곧 이때에 자기의 의로우심을 나타내사 자기도 의로우시며 또한 예수 믿는 자를 의롭다 하려 하심이라 롬 3:26

이것은 세상적으로 말하는 '의'가 아니다. 신학적인 용어로 '칭의'를 말한다. 사실은 의롭지 않지만 의롭다고 칭해주시는 것이다. 내 노력으로 이룰 수 있는 '의'가 아니다.

가끔 '나는 목사 자격이 있는가?'라는 질문을 스스로에게 던진다. 이 질문에 대해 생각하고 또 생각해도 대답은 한결같다. 나는 목사 자격이 없는 사람이다. 하지만 하나님께서 의롭지 않은 나를 의롭다고 인정해주시며 목사로 세워주셨다. 이 깨달음이 나로 하여금 늘 감격의 자리에 머물게 한다. 그리고 중요한 것은 이 은혜에 대한 감격이 나로 하여금 하나님의 거룩과 성품을 닮아가도록 애쓰게 만든다.

내가 자주 썼던 표현 중에 '몸부림'이라는 표현이 있다. 이것을 오해하면 안 된다. 거룩을 내 힘으로 이루기 위해 몸부림치는 차원에서 말하는 것이 아니다. 이것은 주신 은혜에 대한 감격의 표현을 말하는 것이다.

나의 어머니가 종종 부르시던 찬양 중에 찬송가 143장이 있다.

웬 말인가 날 위하여 주 돌아가셨나
이 벌레 같은 날 위해 큰 해 받으셨나

내 지은 죄 다 지시고 못 박히셨으니
웬 일인가 웬 은혠가 그 사랑 크셔라

나 십자가 대할 때에 그 일이 고마워
내 얼굴 감히 못 들고 눈물 흘리도다

이렇게 1절, 2절, 4절에서 십자가 은혜에 대해 감격을 노래하는 이 찬양이 마지막 5절에서 그 감격을 놀라운 결단으로 연결시킨다.

늘 울어도 눈물로써 못 갚을 줄 알아
몸밖에 드릴 것 없어 이 몸 바칩니다

이것이 내가 말하는 '몸부림'의 의미이다. 눈물을 흘리시며 감격으로 목소리가 떨리시던 젊은 시절의 어머니의 모습이 떠오르면 나도 눈물이 난다. 그리고 나도 어머니처럼 은혜의 감격을 회복하여 주님을 향한 헌신과 거룩을 위한 몸부림을 계속해야겠다는 결단을 하게 된다.

이런 차원에서 다시 말한다. 예수 믿는 우리는 행복을 추구하는 인생이 아니라 거룩을 추구하는 인생이어야 한다. 우리는 이 세 가지 질문을 종종 자기 자신에게 던지며 오늘도 복음이 내게 영향을 미치고 있는지 하나님 앞에 점검해야 한다.

삶을 뒤바꾸는 실제적인 능력

미국 집회를 마치고 돌아와 공항에서 스마트폰을 켜보니 이메일과 문자가 계속 들어오는데, 그 가운데 기가 막힌 메일이 한 통 와 있었다. 우리 교회에 다니는 청년은 아닌데, 어릴 때 부모님이 이혼하고 그 과정에서 상처를 많이 받았다. 메일 내용 중에 이런 부분이 있었다.

어린 나이에 겪지 않아도 될 일들…, 부모님 두 분이 서로 욕하고 때리며 싸우시는 모습, 거침없이 저를 버리겠다고 하셨던 말, 너는 더 이상 내 자식이 아니야.

아마 부부가 서로 싸우다가 자식을 향해 분풀이를 했던 것 같다. 부모님이 던지신 말들이 어린 그의 가슴에 꽂혔다. 그것이 얼마나 치명적이었던지 장성했는데도 그 상처가 치유되지 않고 마음에 남아 지금도 고통 당하고 있었다. 메일에 이런 대목도 있었다.

사회생활을 하면 할수록 억울하고 원통하고 화가 늘었고, 한의원에 가서 화병에 드는 약도 먹었습니다. 너무 힘들었습니다. … 목사님 제가 망가졌습니다. 더 이상 아무런 의미도 없고, 기운도 없고, 하고 싶은 것도 없으며, 나는 불행할 것이고, 나는 사랑받지 못할 것이며, 다른 사람과 비교하게 되고 쓸모없고, 이 세상의 모든 부정적인 단어는 다 제게 쓰인 것 같았습니다.

어릴 때 받았던 상처가 치유되지 못한 채로 남아 그 청년을 이렇게 괴롭히고 있었다. 그런데 이런 그가 무슨 이야기를 하고 싶었는지 들어보라.

그런네 어느 밤 목사님의 설교를 들었습니다. 연애, 결혼, 삶의 이야기가 아닌 '복음'을 들었습니다. 복음, 십자가, 예수 그리스도. 망치로 머리를 맞은 느낌이었습니다. 얼마나 울었는지 모릅니다. 내가 스스로 해결하기 위해 들었던 '관계 회복, 사랑, 연애, 이혼 가정의 심리치료' 같은 것들이 다 스르르 사라지고 오직 제 마음에 '예수 그리스도'라는 여섯 글자만 채워지기 시작했습니다.
그 이후에 아침, 저녁으로 목사님의 설교를 들으며 하루하루 나아가게 되었습니다. 정말 하나님이 나를 사랑하시고, 나를 아신다는 그리고 벌레만도 못한 나를 위해 아들을 보내시고, 나를 위해 희생하신 피 흘리신 그리스도 보혈의 감격으로 하루하루 기운을 내게 되었습니다. … 언젠가 목사님이 '평화 하나님의 평강이'라는 찬양을 부르셨을 때 집에 오는 길에 앉아 가슴에 손을 얹고 울었습니다. 언제나 나를 사랑하시고 나를 예뻐하시고 도우시는 하나님, 그 하나님을 영접할 수 있도록 말씀을 전해주셔서 감사합니다.

이 글을 읽으며 나는 하나님의 음성을 들었다. 하나님의 뜻이 느껴졌다. 이 편지를 통해 하나님이 내게 말씀하시고자 하는 포인트가 무엇인가?

'네가 복음을 설교할 때 이론만 가지고 설교하지 말고, 복음이 능력임을 알고 전하라. 어릴 때 받은 상처가 치유되지 않아 화병 약을 먹고 있던 청년에게 하나님의 평강에 관한 찬양이 들려질 때 길거리에 주저앉아 감격에 겨워 눈물을 흘리게 만드는 능력. 이것이 복음이다. 이것을 전해야 한다.'

바울이 왜 이미 예수 잘 믿는다고 알려진 로마의 성도들에게 복음 전하기를 원한다는 것인가? 머리로 아는 복음, 이론으로 아는 복음은 안 된다는 것이다. 우리 윗대의 어른들이 "울어도 못 하네, 힘써도 못 하네, 참아도 못 하네, 믿으면 되겠네"라는 유치해 보이는 가사의 찬양을 부르며 기쁨으로 눈물 흘리며 감격했던 것은 복음이 이론이 아니라 능력임을 맛보아 알았기 때문이다.

우리의 결론은 이 말씀이다.

그러므로 사람이 의롭다 하심을 얻는 것은 율법의 행위에 있지 않고

믿음으로 되는 줄 우리가 인정하노라 롬 3:28

예수 그리스도, 복음, 그분의 피, 십자가. 단순한 이 진리의 용어들이 어릴 때부터 상처 받아 괴로워하던 한 청년의 인생을 단숨에 뒤집어놓은 능력이 되었다면, 그 복음의 능력이 우리에게도 임하게 해달라고 구해야 하지 않겠는가?

"주님, 주님의 복음의 능력이 우리 가정에 나타나게 하여주옵소서. 화병 약을 먹어도 듣지 않던 그 청년에게 임한 복음의 능력이 우리 아이들에게도 임하기를 원합니다."

이 소원을 가지고 간절히 하나님 앞에 나아가야 하지 않겠는가? 이 소원을 가지고 예배드려야 하지 않겠는가? 지금 그 복음의 능력을 구하라. 그리고 삶에서 직접 경험하고 맛보아 아는 자가 되기를 간절히 바란다.

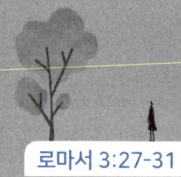

로마서 3:27-31

그런즉 자랑할 데가 어디냐 있을 수가 없느니라 무슨 법으로냐 행위로냐 아니라 오직 믿음의 법으로니라 그러므로 사람이 의롭다 하심을 얻는 것은 율법의 행위에 있지 않고 믿음으로 되는 줄 우리가 인정하노라 하나님은 다만 유대인의 하나님이시냐 또한 이방인의 하나님은 아니시냐 진실로 이방인의 하나님도 되시느니라 할례자도 믿음으로 말미암아 또한 무할례자도 믿음으로 말미암아 의롭다 하실 하나님은 한 분이시니라 그런즉 우리가 믿음으로 말미암아 율법을 파기하느냐 그럴 수 없느니라 도리어 율법을 굳게 세우느니라

CHAPTER 13
내가 열정적으로 자랑하는 것

휘게의 정신

매년 유엔이 발표하는 '세계 행복지수'에 따르면 덴마크는 세계에서 가장 행복한 나라 중 하나이다. 정말 부러운 일이다. 그런데 한 가지 의아한 것은, 환경으로만 보면 덴마크는 행복하기 어려운 나라이다. 왜냐하면 일 년 중에 절반은 비가 오고, 더군다나 겨울이 되면 해가 하루에 4시간 정도밖에 안 뜬다고 한다. 우중충한 날씨가 사람의 기분을 얼마나 우울하게 만드는지 알지 않은가? 겨울이 되면 덴마크의 우울증 약 복용률이 세계 1위라고 한다.

정말 이상하지 않은가? 이런 나라가 어떻게 세계에서 가장 행복한 나라로 알려졌을까?

이 질문에 많은 사람이 '휘게'라는 덴마크 단어를 가지고 설명한다. '휘게'는 덴마크 사람들만의 아주 독특한 생활방식을 설명하는 단어이기 때문에 다른 나라 말로 번역하는 것이 쉽지 않다고 한다. 어느 기사에서 보니 '휘게'라는 단어를 길게 설명해놓은 부분이 있었다. 한두 마디로 딱 설명할 수 없는 단어다 보니 그렇게 길게 설명해놓은 것이다. 그 내용을 인용해보자.

'휘게'의 근본은 잘난 체하거나 으스대지 않고, 어느 누구도 공박하지 않으며, 경쟁하지 않는 것이다. 남들을 깔아뭉개고 각광받겠노라 용을 쓰지 않는다. 다른 이들에 대해 불평을 하지 않는다. … '휘게'의 불문율은 이렇다.
"나 자신을 그대로 내보인다. 뭔가를 과시하려 애쓰는 것에서 벗어나 경계 태세를 허문다. 가면을 벗어던지고 껄끄러운 문제들은 제쳐놓는다. 경쟁, 과시, 가식이 세상을 피곤하게 한다고 본다. … 시간은 한정적이라는 것을 명심한다. 잘나 보이려, 과시하려, 불평하다가, 부정적 생각만 하다가 허비하지 않는다. 소중한 사람들과의 지금을 귀히 여긴다. 그러다 보면 모든 순간이 행복하다."

이것이 덴마크 사람들의 생활방식을 설명하는 '휘게'라는 것이다. 덴마크 사람들이 그렇게 열악한 환경 속에서도 가장 행복한 나라가 될 수 있었던 비결을 바로 여기에서 찾는다는 것이다.

본문을 묵상하다가 문득 '휘게'라는 단어가 떠오른 이유가 있다. 성경이 시종일관 강조하고 하나님이 우리에게 원하시는 삶의 태도가 바로 '휘게의 정신'이기 때문이다. 본문도 마찬가지다.

앞 장에서 살펴본 것처럼 우리 앞에는 두 갈래 길이 있다. 하나는 자신의 노력으로 구원을 얻을 수 있다고 생각하는 '율법주의자의 길'이고, 또 하나는 구원이란 오직 자격 없는 자에게 주시는 하나님의 은혜로만 가능하다고 믿는 '믿음의 길'이다. 그리고 예수 믿는 우리는 후자를 선택한 사람이라고 했다.

본문에서 바울은 한 걸음 더 나아가 세 가지 질문을 던지며 우리 자신을 돌아보게 하는 한편, 자기 힘과 능력과 노력을 중요하게 생각하는 율법주의자들이 왜 불행할 수밖에 없는지, 또 은혜를 사모하는 자들이 왜 행복할 수밖에 없는지를 강조하고 있다.

"자랑할 데가 어디냐?"

바울이 던진 첫 번째 질문은 27절이다.

> 그런즉 자랑할 데가 어디냐 있을 수가 없느니라 롬 3:27

이 질문에서 우리는 자기 스스로의 노력을 통해 구원을 얻을 수 있다고 믿는 사람들에게서 나타나는 가장 강력한 문제가 '자기 자랑'이라는 것을 알 수 있다.

이런 자기 자랑의 문제가 왜 위험한가 하면, 하나님이 규정하신 원칙 때문이다.

> 하나님께서 세상의 천한 것들과 멸시 받는 것들과 없는 것들을 택하사 있는 것들을 폐하려 하시나니 이는 아무 육체도 하나님 앞에서 자랑하지 못하게 하려 하심이라 고전 1:28,29

나도 하나님의 이 원칙을 종종 느낀다. 우리 교회 성도 중에 정말 대단한 분들이 많다. 가끔 신문을 펼쳤다가 깜짝 놀랄 때가 있다. 우리 교회 성도 중에 내가 구독하는 신문의 고정 칼럼니스트가 있는데, 그 분이 쓴 글을 읽으면 감탄이 절로 나온다. '이런 칼럼을 쓰시는 분이 주일에 내 설교를 들으려고 앉아 계시다니' 하는 생각에 속으로 주눅이 들기도 한다.

'저렇게 훌륭하고 글도 논리 정연하게 잘 쓰는 사람을 들어 사용하시면 하나님도 편하시고 성도들도 좋을 텐데, 하나님께서는 왜 나같이 부족한 사람을 쓰시는 걸까?'

그 답이 이 말씀에 있었다.

"이는 아무 육체도 하나님 앞에서 자랑하지 못하게 하려 하심이라."

에베소서 2장에도 이런 말씀이 있다.

> 너희는 그 은혜에 의하여 믿음으로 말미암아 구원을 받았으니 이것은 너희에게서 난 것이 아니요 하나님의 선물이라 행위에서 난 것이 아니니 이는 누구든지 자랑하지 못하게 함이라 엡 2:8,9

그런데 인간이 참 미련하다. 하나님의 원칙은 이렇듯 부족한 사람을 들어서 사용하심으로 자랑하지 못하게 하시는 것인데, 실력도 없으면서 자꾸 자랑하려는 인간의 본능이 튀어나온다는 것이다. 그렇기 때문에 하나님은 심령이 가난한 사람을 좋아하시는 것 같다. 예수님이 우리에게 주신 팔복 가운데 가장 먼저 나오는 것이 이 말씀이다.

심령이 가난한 자는 복이 있나니 천국이 그들의 것임이요 마 5:3

하나님은 우리의 심령이 가난하기를 원하신다. '나는 부유하다, 내 능력으로 구원을 얻을 수 있다, 내 도덕성으로 구원을 얻을 수 있다'라고 자신하는 사람보다는 '나는 아무 자격이 없습니다, 나는 부족합니다, 그래서 주님의 은혜만 구합니다'라고 고개를 숙이는 사람을 더 기뻐하신다는 것이다.

자랑이 비극의 원인 제공

나는 자기 자랑의 문제가 오늘날 인간에게서 파생되는 비극의 근원이라고 생각한다. 이 땅에서 일어나는 비극의 근원적인 뿌리는 대부분 하나님을 의지하는 마음 대신 자기 자랑으로 채우는 것에 있다.

'임팔라'는 아프리카 중남부 초원에 서식하는 초식동물로, 사슴과 비슷하게 생겼다. 임팔라 수컷은 나선 모양의 무늬가 있는 아주 독특하고 긴 뿔을 가졌는데, 수컷끼리 싸울 때 서로 이 뿔을 부딪치며 싸운다고 한다. 얼마나 세게 부딪치는지 '탁, 탁, 탁' 하는 소리가 아프리카 초원에 넓게 퍼진다고 한다.

그런데 그 초원에서 임팔라가 서로 뿔을 부딪치며 싸우는 소리를 기다리는 존재가 있다고 한다. 바로 사자이다. 사자는 임팔라들이 싸우는 소리가 들리면 임팔라를 잡아먹으려고 득달같이 달려온다고 한다. 불행히도 임팔라는 싸우는 데 정신이 팔려서 사자가 오는지도 모르고 있다가 잡아먹혀 죽어간다는 것이다.

이것이 우리 인생의 모습이라면 내가 너무 과장하는 것일까? 아무것도 아닌 뿔을 과시하며 서로 자기 뿔이 더 잘났다고 싸우다 죽어가는 임팔라 같은 인생이 이 땅에 얼마나 많은가?

우리는 기억해야 한다. 내 뿔을 자랑하기 시작하면, 그 끝은 망하는 길밖에 없음을. 이 사실을 잘 알기에 틈만 나면 나 자신에게는 물론 우리 교역자들에게 이렇게 강조한다.

"분당우리교회에 대한 외부의 칭찬에는 거품이 무성하다. 이 사실을 잊어서는 안 된다. 밖에서 누가 어떤 이야기를 하더라도 우리는 하나님 앞에서 항상 가난한 마음을 가져야 한다. 하나님의 은혜가 아니고서는 아무것도 할 수 없다."

"하나님은 유대인만의 하나님이시냐?"

바울이 던진 두 번째 질문은 29절이다.

> 하나님은 다만 유대인의 하나님이시냐 또한 이방인의 하나님은 아니시냐 롬 3:29

유대인들의 "우리는 선민이다, 택한 백성이다"라고 하는 자기 자랑이 "저 이방인들은 지옥의 불쏘시개로 태어난 자들이다, 저들은 구원 받지 못한다"라는 타인 비하로 연결되고 있다. 나는 이 구절 속에서 너무나 무서운 진리를 하나 발견한다. 인간의 '자기 자랑'은 반드시 '타인 비하'로 연결된다는 것이다.

누가복음 18장에 이것을 증명해 보이는 바리새인이 등장한다.

> 바리새인은 서서 따로 기도하여 이르되 하나님이여 나는 다른 사람들 곧 토색, 불의, 간음을 하는 자들과 같지 아니하고 이 세리와도 같지 아니함을 감사하나이다 나는 이레에 두 번씩 금식하고 또 소득의 십일조를 드리나이다 하고 눅 18:11,12

온통 자기 자랑과 상대 비하가 뒤섞여 있는 것을 볼 수 있지 않은가? 하나님은 이런 태도를 끔찍이 싫어하신다. 가슴 아픈 것은 오늘날 교회 안에 이런 바리새인과 같은 모습이 의외로 많다는 것이다. 자기 자랑과 타인 비하가 얼마나 많은가? 그렇기 때문에 우리는 항상 바울이 던지는 두 번째 질문을 마음에 담아 자신을 깊이 돌아봐야 한다.

"하나님은 다만 유대인의 하나님이시냐 또한 이방인의 하나님은 아니시냐?"

"믿음이 율법을 파기하느냐?"

마지막으로 바울이 던진 세 번째 질문은 31절이다.

> 그런즉 우리가 믿음으로 말미암아 율법을 파기하느냐 그럴 수 없느니라 **롬** 3:31

이것이 무슨 뜻인가? 율법주의자들이 우려하는 것이 무엇인가?

'사람이 율법을 의지하지 않고 공짜로 얻는 은혜만 의지하면 자기 노력을 그치고 율법을 무시하게 되는 위험이 있지 않은가?'

이런 율법주의자들의 문제 제기에 바울은 단호하게 대답한다.

"그럴 수 없느니라!"

바울의 이 단호한 대답 안에는 이런 뜻이 담겨 있다.

'은혜의 감격을 맛본 사람은 다 알 것이다. 자격 없는 나를 구원해주신 은혜의 감격이 내게 넘쳐난다면, 그것이 얼마나 큰 에너지가 되는지 말이다. 율법을 지켜야만 구원 받을 수 있다고 믿으며 쥐어

짜듯 율법을 지키는 율법주의자들보다 오히려 십자가의 은혜에 더 무게를 두는 사람들이 결과적으로 율법을 더 잘 지킨다는 사실을 아는가? 만약 예수를 믿는다고 하면서 율법, 즉 하나님의 말씀을 잘 지키지 않고 부끄러운 짓을 전혀 부끄럽지 않다는 듯이 한다면, 그것은 십자가의 은혜를 모른다는 증거이다.'

바울은 바로 이것을 웅변하는 것이다. 은혜를 알면 그렇게 살 수 없다.

내 삶에 나타나는 복음의 능력을 점검하는 잣대

우리는 바울이 던진 세 가지 질문을 우리 자신에게 자주 던지며 스스로를 점검해야 한다. 바울의 질문의 요지를 다시 정리해보면 이렇다.

첫째, 나는 하나님이 싫어하시는 '자기 자랑'에 빠져 있지 않나? 나는 지금 무엇을 자랑하고 있는가?

둘째, 나는 '타인 비하'의 태도를 갖고 있지 않나? 은근히 남을 깎아내리며 무시하는 교만이 내게 없는가?

셋째, 나는 믿음의 사람답게 은혜의 감격으로 하나님께서 원하시는 말씀과 계명을 잘 지키고 있나?

이런 맥락에서 본문에서 바울이 던진 세 가지 문제 제기를 통해 '복음이 능력이다'라는 사실을 다시 한 번 되새기면서 복음이 가져다주는 두 가지 변화를 살펴보려고 한다.

복음은 자랑의 내용을 변화시킨다

첫째로, 복음은 '자랑의 내용'을 바꾸게 만든다는 사실이다. 본문을 기록한 바울 자신이 이 사실을 온몸으로 나타내 보여주고 있다.

사도 바울은 예수님을 만나기 이전의 자신의 상태를 이렇게 설명한다.

> 그러나 나도 육체를 신뢰할 만하며 만일 누구든지 다른 이가 육체를 신뢰할 것이 있는 줄로 생각하면 나는 더욱 그러하리니 나는 팔일 만에 할례를 받고 이스라엘 족속이요 베냐민 지파요 히브리인 중의 히브리인이요 율법으로는 바리새인이요 열심으로는 교회를 박해하고 율법의 의로는 흠이 없는 자라 빌 3:4-6

얼마나 자기 자랑이 많았는가? 이런 그가 예수님을 만나고 어떻게 변했는가? '대반전의 그러나'로 시작하는 바로 다음 절을 보자.

> 그러나 무엇이든지 내게 유익하던 것을 내가 그리스도를 위하여 다 해로 여길뿐더러 빌 3:7

주님을 만나기 전에는 그토록 자랑거리였던 모든 것이 이제는 아무런 쓸데없는 것이라는 사실을 알게 되었다는 것 아닌가? 갈라디아서 6장에도 같은 고백이 나온다.

그러나 내게는 우리 주 예수 그리스도의 십자가 외에 결코 자랑할 것이 없으니 그리스도로 말미암아 세상이 나를 대하여 십자가에 못 박히고 내가 또한 세상을 대하여 그러하니라 갈 6:14

십자가 정신을 받아들였다면, 우리가 붙잡고 집착하는 자랑이 더 이상 자랑할 것이 아님을 알게 된다는 것이다.

자랑이 그 사람의 내면이다

일전에 산악 전문가의 인터뷰 기사를 본 적이 있다. 긴 인터뷰 내용 가운데 눈에 들어오는 대목이 하나 있었다. 그 분이 산악 드라마의 자문위원으로 참여한 적이 있었는데, 지금이야 위험한 장면은 컴퓨터그래픽으로 처리하지만 그때는 직접 연기를 다 했기 때문에 배우들에게 등산을 가르치고 촬영할 때 도움을 주는 일을 했다고 한다.

드라마 막바지에 여배우가 북한산 인수봉에서 70미터 아래로 떨어지는 큰 사고가 났다. 깜짝 놀라서 내려가보니 다리가 부러지고 얼굴에서는 피가 흐르고 있었다. 그런데 놀라운 것은, 이런 대형 사고를 당한 절박한 상황에서 여배우가 보인 태도이다. 그 위기 상황에서 아주 애절하게 "거울을 보여달라"고 요청하더라는 것이다. 그 여배우 입장에서는 다쳐서 겪어야 하는 육체적인 고통보다 더 관심이 가는 것이 몸에 난 상처와 흉터이기에 그런 요청을 한 것 아니겠는가?

나는 그 기사를 보면서, 인간은 자신이 소중하게 여기는 그곳에 마음이 머문다는 사실을 새삼 깨달았다. 여배우에게 얼굴은 생명이니, 그의 그런 반응을 누가 탓할 수 있겠는가? 우리는 지금 어디에 우리의 마음이 쏠려 있는가?

오늘 우리의 자랑 내용이 바로 이런 것이 아닌가? 내가 가진 그 무엇, 내 외모, 내 실력, 내 재산, 우리 아이가 공부 잘하는 것, 우리 남편이 돈 잘 버는 것 등. 우리는 이런 것을 자랑하고 있지 않은가? 우리는 무엇을 자랑하는가? 그 사람이 자랑하는 그것이 그 사람의 내면이다.

내가 강아지를 키우기 시작하면서부터 만나는 사람마다 강아지 이야기를 하게 된다. 설교 시간에도 강아지를 예로 들어 설명하고 싶고, 손님과 대화할 때도 자꾸 강아지 이야기를 하고 싶다. 이런 경험을 통해 뼈저리게 느끼는 것이 있다. 사랑은 관심이고, 그 사람의 관심은 자랑으로 나오게 되어 있다는 것이다. 회의 중이든, 설교 중이든, 식사 자리든, 어디를 가든지 강아지 이야기가 나올 수밖에 없는 것은 나의 내면세계가 강아지에 대한 생각으로 차 있기 때문이다. 그러면서 이런 생각을 했다.

'내 안에 예수 그리스도께서 과연 자리잡고 계시는가?'

내 안에 예수 그리스도가 자리잡고 계시다면 자랑하게 되어 있다.

예수님 자랑

몇 년 전부터 미국이나 유럽을 필두로 인권 존중이나 평등을 내세워 특정 종교의 색채를 최소화해야 한다는 움직임이 거세지고 있다. 그래서 크리스마스 시즌이 되어도 예수님과 관련된 것은 다 뺀다. 인사말도 "메리 크리스마스" 대신 "해피 홀리데이"라고 한다. 우리말로 하면 "명절을 즐겁게 보냅시다"라는 뜻이다.

심지어 미국의 많은 교회가 크리스마스 당일 성탄 예배를 드리지 않은 지 오래되었다. 크리스마스는 가족과 함께 보내라는 이유이다. 미국 교회가 크리스마스 당일에 성탄 예배를 드리지 않는 또 하나의 이유는, 크리스마스 예배가 있다고 광고해도 사람들이 모이지 않기 때문이다. 가슴 아픈 이야기 아닌가?

지금 한국의 상황도 부끄럽기는 마찬가지다. 낯 뜨거운 이야기지만, 한 해 중 콘돔이 가장 많이 팔리는 날이 크리스마스라고 한다. 전국의 호텔과 모텔에 방이 없어서 방 구하는 것이 하늘의 별 따기라고 한다.

이런 내용이 담긴 신문 기사를 보는데 마음이 아팠다. 그리고 아직도 우리가 해야 할 일이 많음을 느꼈다. 그래서 그 기사를 보면서 마음으로 큰 도전을 결심했다.

'예수님의 이름도 없이 자기들끼리 웃고 떠들고 즐기는 시끄럽고 복잡한 크리스마스 문화를 우리가 되찾을 때가 되었다!'

이런 결심과 함께 우리 교회부터라도 크리스마스를 예수님이 주인공이신 축제로, 예수님을 마음껏 자랑하는 날로 만들어야겠다고 생각했다. 그래서 함께 일하는 교역자들에게 크리스마스 문화를 제대로 만들어보자고 부탁했다. 그때부터 크리스마스 시즌이 되면 어떻게 하면 예수님을 자랑할 수 있을지 머리를 맞대고 열심히 고민한다.

예전에는 길거리에 커다랗고 화려하게 세워놓은 트리도 많은데 우리까지 괜한 돈 낭비하며 크리스마스 트리를 세우지 말자고 했었다. 하지만 지금은 아니다. 이왕에 만들 것이라면 제대로 예수님을 자랑하는 트리를 만들면 좋겠다는 생각을 한다.

교회 홈페이지에서는 크리스마스의 진정한 의미를 되새기며 예수님을 묵상할 수 있는 성구가 매일 올라가고, 교회 서점을 통해 크리스마스 카드도 판매하기 시작했다. '해피 홀리데이' 같은 애매모호한 문구가 아닌, 주인공 되신 예수님을 마음껏 자랑하는 카드를 만들었다.

새벽송도 부활시켰다. 내가 어릴 때 어른들의 손을 붙잡고 새벽 3, 4시까지 주님의 탄생을 찬양하던 기억이 잊히지 않는다. 물론 요즘 세상에 그 새벽에 동네를 다니며 새벽송을 부르면 동네 주민에게 불편을 끼칠 것이 분명하니 미리 새벽송을 받을 가정의 신청을 받아서 24일 저녁에 돌기로 했다. 이 일을 통해 동네 곳곳에서 예수님이 크리스마스의 주인공이 되시어 찬양으로 올려지는 일들이 일어나기를 바란다.

이런 일들은 한 가지 사례에 불과하지만 나는 마음으로 소원한다. 우리 내면에서 복음으로 인하여 우리의 자랑의 내용이 바뀌는 일이 일어나기를, 자기를 과시하고 자기 뿔을 자랑하다가 사탄의 먹이가 되는 인생이 아니라, 이 땅에 오신 예수 그리스도를 자랑하는 인생이 되기를 말이다.

복음은 '본질을 향한 열정'을 회복시킨다

둘째로, 복음은 '본질을 향한 열정'을 회복시켜준다.

> 그런즉 우리가 믿음으로 말미암아 율법을 파기하느냐 그럴 수 없느니라 도리어 율법을 굳게 세우느니라 롬 3:31

이것이 열정 아닌가? 앞에서 바울이 예수님을 만나고 자랑의 내용이 달라졌다고 했는데, 자랑만 달라진 것이 아니다. 열정도 달라졌다. 예수 만난 이후의 사도 바울의 열정을 알지 않은가? 예수님을 만나기 전의 바울은 안목이 좁아 그저 율법을 가지고 '네 편, 내편'을 가르는 일에 몰두했다. 율법을 지키면 내 편, 안 지키면 원수였다.

이렇게 좁은 시야를 가지고 이웃을 정죄하며 반대편에 있다고 생각하는 사람들을 죽이러 다녔던 바울이 예수 그리스도를 만나 얼마나 넓은 안목을 소유하게 되었는가? 넓어진 안목으로 3차에 걸친 전도여행을 통해 유럽과 아시아 곳곳을 다니며 복음을 전하는 가슴 뜨거운 열정을 품게 된 것이다.

지금 로마서를 기록하고 있는 바울을 보라. 만난 적도 없는 로마 성도들을 위해 복음의 열정을 가지고 편지를 쓰고 있는 바울의 그 열정이 정말 놀랍지 않은가? 우리도 이 열정을 회복해야 한다. 우리가 회복해야 할 가장 중요한 것이 삶의 열정, 특별히 가장 중요한 본질을 향한 열정이다.

나는 예수님을 믿는 우리가 시시하게 살지 않기를 바란다. 교회 개척 초기에 나는 하나님 앞에 이렇게 기도했었다.

'하나님, 녹슬어 없어지는 인생이 되지 않게 해주세요. 닳아서 없어지기를 원합니다.'

그때는 특별새벽부흥회를 40일 동안 봄에 한 번, 가을에 한 번 했었다. 그런데 어느 해에는 9월부터 특새를 하려고 일정을 잡아두었는데, 도저히 그때까지 기다릴 수가 없어서 8월 마지막 주 주일 설교를 하다가 갑자기 "내일부터 특새를 시작합니다"라고 선포하고는 바로 시작해버렸다. 그렇게 시작된 특새는 장장 60일간 이어졌다. 그야말로 열정을 가지고 달리고 또 달렸다. 나는 경험했다. 성령의 사람은 그 안에 불이 붙는다는 사실을.

식어진 열정을 회복하라

이런 일들을 돌아보면 회개하게 된다. 시간이 지나면서 교회 개척 초기 때의 열정이 많이 식었음을 느끼기 때문이다. 교회가 커지면서 현실에 안주하려는 유혹도 많아졌다. 그러다 보니 우리 교회에서 오래 사역한 부교역자들이 이제 막 사역을 시작하는 신참 교역자들에게 이런 말을 해준다고 한다.

"세월 좋을 때 들어온 줄 알아야 해!"

물론 농담으로 하는 이야기지만, 예전에 열정으로 달리던 시절에 비하면 일거리가 많이 줄었음을 빗대어 하는 말인 것이다. 나는 그런 이야기를 들을 때마다 부끄러움을 느낀다.

'내가 이제 배부른 것은 아닌가? 한 성도 한 성도에게 마음을 쏟으라고 교역자들을 다그치고, 힘내라고 촉구하며 열정을 선포하고, 시시하게 목회하지 말라고, 한 가정을 심방 가더라도 거기에 인생을 걸라고 가르쳤던 것이 느슨해지고 있는 것은 아닌가?'

설교도 마찬가지다. 생각해보면 개척 초기에는 설교가 참 서툴렀다. 청소년 사역만 하다가 개척을 했으니 어른들에게 맞추는 것이 쉽지 않았다. 그래서 그때는 토요일에 거의 밤을 새다시피 한 적이 종종 있었다. 언젠가는 설교 준비를 다 끝내고 시계를 보니까 새벽 5시를 가리킨 적도 있었다. 설교 준비에 그야말로 온 진액을 다 쏟아부었다.

그런데 지금은 그렇게까지 쥐어짜지 않아도 설교가 쉽게 풀리는 것을 경험한다. 관록이 생긴 것이다. 때로는 이런 관록이 나를 두렵게 한다. 마음이 담기지 않은 설교 준비나 목회는 21세기 판 서기관과 바리새인의 모습이기 때문이다.

그렇기 때문에 다시 한 번 복음이 주는 열정을 회복하기 위해 주님 앞에 매달리며 기도하고 있다.

열정을 회복해야 하는 것은 목회자인 나뿐이 아니다. 성도들도 가만히 있어서는 안 된다. 장로이고, 권사이고, 모태신앙이지만, 오래 예수를 믿어서 열정을 잃어버렸다면 이제 그 열정을 다시 회복해야 한다.

"하나님, 제 안에 열정을 회복하여주옵소서!"

간절히 기도해야 한다. 복음이 우리의 식어버린 열정을 회복시켜준다. 바울과 같은 위대한 열정의 사람으로 변화시킨다. 그 열정이 우리 안에 흘러넘치기를 간절히 바란다.

우리는 정말 마음을 다해 주님을 자랑해야 한다. 한낱 미물인 강아지 한 마리만 키워도 그 강아지에게 온통 마음이 쏠려서 만나는 사람마다 강아지 자랑을 하고 싶어서 입이 근질거리는데, 십자가를 지심으로 나를 구원해주신 주님을 우리가 어떻게 자랑하지 않을 수 있는가?

복음이 우리의 자랑의 내용을 바꿔주는 은혜가 있기를 바란다. 그래서 우리 주님을 마음껏 자랑해드리기를 원한다. 그런가 하면 이미 식어버린 열정을 회복시켜주는 복음의 능력을 삶 가운데 경험하기를 바란다.

그래서 주님을 향한 열정이 다시 한번 회복되기를, 그래서 주님을 자랑하고자 하는 열정으로 가득한 우리 모두의 심령이 되기를 바란다.

우리 삶에 담긴 복음의 능력으로 주님을 마음껏 자랑하는 인생이 되기를 정말 간절히 바라며 축복한다.

아는 것보다 사는 것이 중요하다

초판 1쇄 발행	2018년 10월 31일
초판 12쇄 발행	2024년 4월 9일
지은이	이찬수
펴낸이	여진구
책임편집	이영주
편집	박소영 최현수 안수경 김도연 김아진 정아혜
책임디자인	마영애 ǀ 노지현 조은혜 이하은
홍보 · 외서	진효지
마케팅	김상순 강성민
마케팅지원	최영배 정나영
제작	조영석 허병용
경영지원	김혜경 김경희

303비전성경암송학교 유니게 과정
이슬비전도학교 / 303비전성경암송학교 / 303비전꿈나무장학회

펴낸곳   규장

주소 06770 서울시 서초구 매헌로 16길 20(양재2동) 규장선교센터
전화 02)578-0003   팩스 02)578-7332
이메일 kyujang0691@gmail.com   홈페이지 www.kyujang.com
페이스북 facebook.com/kyujangbook   인스타그램 instagram.com/kyujang_com
카카오스토리 story.kakao.com/kyujangbook
등록일 1978.8.14. 제1-22

ⓒ 저자와의 협약 아래 인지는 생략되었습니다.
이 출판물은 저작권법에 의해 보호를 받는 저작물이므로 무단 전재와 무단 복제를 할 수 없습니다.

책값 뒤표지에 있습니다.
ISBN 978-89-6097-554-5 03230

규 ǀ 장 ǀ 수 ǀ 칙

1. 기도로 기획하고 기도로 제작한다.
2. 오직 그리스도의 성품을 사모하는 독자가 원하고 필요로 하는 책만을 출판한다.
3. 한 활자 한 문장에 온 정성을 쏟는다.
4. 성실과 정확을 생명으로 삼고 일한다.
5. 긍정적이며 적극적인 신앙과 신행일치에의 안내자의 사명을 다한다.
6. 충고와 조언을 항상 감사로 경청한다.
7. 지상목표는 문서선교에 있다.

하나님을 사랑하는 자 곧 그의 뜻대로 부르심을 입은 자들에게는 모든 것이 合力하여 善을 이루느니라(롬 8:28)

규장은 문서를 통해 복음전파와 신앙교육에 주력하는 국제적 출판사들의 협의체인 복음주의출판협회(E.C.P.A:Evangelical Christian Publishers Association)의 출판정신에 동참하는 회원(Associate Member)입니다.